한국사
영화관

-근현대 편-

한국사 영화관

– 근현대 편 –

18편의 영화로 읽는
20세기 한국사

김정미 지음

메멘토

머리말

2014년에 출간한 『한국사 영화관』을 전근대와 근현대 편으로 나누어 두 권으로 내게 되었다. 그동안 주목할 만한 한국 역사 영화가 많이 만들어진 덕분이다. 역사 콘텐츠 연구자로, 또 역사 영화를 쓰는 시나리오 작가로 무척 감사한 일이다.

지난 몇 년간 한국 사회에는 많은 변화가 있었다. 특히 잘못된 정치권력을 국민의 힘으로 바로잡은 경험은 오늘날 우리가 꾸려 가는 시대가 가진 역사성을 돌아보게 했고, 더 나은 미래를 고민하게 했다.

역사 영화를 보는 관객의 눈도 그전과 많이 달라졌다. 역사 영화는 과거를 소재로 삼지만 영화가 만들어진 당대 사람들의 세계관과 취향을 고스란히 반영한다. 그 때문에 최근에 만들어진 역사 영화는 이전의 영화들과 또 다른 내용과 관점을 담고 있다.

흔히 역사는 고리타분하다고 생각하는 사람이 많다. 그러나 역사는 살아 있는 인간들이 만들어 온 생생한 진짜 이야기다. 그 어떤 천재 작가의 상상력이 만들어 낸 허구보다 인간의 숨결이 묻어 있는 이야기이므로 재미와 호소력 면에서 엄청난 파괴력을 가진다. 그 때문에 사람들은 역사를 소재로 만든 영화에서 인간적 동질감을 찾아내 공감하고, 때로는 그 속에서 현재를 돌아보고 미래를 가늠하기도 한다.

이 책은 관객들이 영화의 재미뿐 아니라 역사에 대한 흥미까지 함께 느끼기를 바라는 마음에서 쓰였다. 전공자이거나 역사에 대해 지대한 관심을 가진 사람이 아니라면 모든 역사 영화의 시대상을 잘 알기는 무척 어렵다. 그러나 역사 영화를 볼 때 영화가 다루는 시대 배경이나 인물을 알면 영화 보는 재미가 배가되는 것은 분명하다. 『한국사 영화관』(초판)을 출간한 후 다양한 대중 강연을 다니면서 관객이자 독자를 많이 만났다. 영화를 볼 때 잘 몰랐던 역사적 사실을 알고 나자 영화가 더 재미있어졌고, 역사를 더 공부하고 싶기도 하고 영화와 다른 관점으로 당대를 생각해 볼 여지가 생겼다는 분들이 많았다. 이것이 더 많은 영화를 다루면서 『한국사 영화관』을 두 권으로 개정·증보하게 된 계기가 되었다.

1권 『한국사 영화관, 전근대 편』에는 삼국부터 조선 시대를 배경으로 한 영화 18편을 다룬다. 〈안시성〉·〈쌍화점〉 등 삼국·고려 시대를 다룬 영화를 포함했지만, 전근대에 대한 영화가 조선 시대에 집중되어 있어 조선이 배경인 영화가 대다수인 점에서 아쉬움도 있다. 고려, 삼국, 나아가 고대사를 다룬 영화도 많이 제작되어 관객을 만났으면 하는 기대를 해 본다. 흔히 말하듯, 5000년의 긴 역사를 가진 한국사에는 영화적 소재가 무궁무진하기 때문이다.

　　2권 『한국사 영화관, 근현대 편』에는 대한제국기부터 1987년까지 우리 근현대사 100여 년을 배경으로 한 영화들을 담았다. 최근 근현대를 배경으로 한 영화가 부쩍 많이 제작되었고 많은 관객의 호응을 얻었다. 지난 몇 년간 일어난 정치·사회적 변화들로 관객들이 먼 과거보다는 현재의 삶과 밀접한 가까운 과거를 돌아보고자 해서 생긴 현상이 아닌가 한다. 역사적 소재를 차용하여 재미만을 추구하던 역사 영화의 성향이 시대를 바라보는 관점과 역사관을 보여 주는 쪽으로 옮겨간 것도 매우 고무적이다. 역사 영화가 단순한 오락거리나 흥미를 넘어 깊이와 역사성을 가지게 되었다고 생각되기 때문이다.

　　한 편의 영화를 만드는 데는 무척 오랜 시간과 많은 사람의 노고가 필요하다. 특히 역사 영화는 역사성과 재미, 두 가지를 다 고려해야 하는 장르이므로 더 많은 고민과 노력이 든다. 2000년 이후에 개봉한 한국 역사 영화는 역사 왜곡이나 개봉 당시의 사회상을 반영한 관점의 문제 등으로 간혹 논란의 중심에 섰다. 그러나 대부분은 관객들의 기대를 저버리지 않은 훌륭한 작품들이었다. 그런 작품들을 좀 더 재미있게, 또 잘 이해하기 위해 이 책이 많은 사람에게 읽히길 바라는 마음이다.

특별히, 게으른 주제에 일만 벌이고 다니는 나를 기다리고 채근하기도 한 메멘토 출판사의 박숙희 대표께 감사의 말씀 올린다. 이번에 책이 두 권으로 묶여 나오게 된 것은 모두 박 대표 덕이라고 생각한다.

늘 그렇듯 묵묵히 곁을 지켜 주는 남편 김동준과 온전치 못한 주인을 만나 여러모로 위로와 힐링의 역할을 담당해야 했던 강아지 '돌이'에게도 감사를 표한다.

2019년 1월

김정미

차례

1

대한제국기, 매국과 호국의 갈림길에 선 사람들

〈그림자 살인〉

2009년 한국형 탐정극을 표방하며 개봉한 영화 〈그림자 살인〉(감독 박대민)은 그간 잘 다루지 않았던 20세기 초, 대한제국기를 역사적 배경으로 하고 있다. 정확히 하자면 1907년 고종이 헤이그에 밀사를 파견*하기 직전이 영화의 배경이다. 영화 끝부분에 고종이라고 생각되는 임금이 등장하여 주인공 홍진호(황정민 분)와 광수(류덕환 분)를 헤이그에 밀파하는 장면이 나온다. 아마도 영화는 헤이그 특사 이준(李儁, 1859~1907), 이상설(李相卨, 1870~1917), 이위종(李瑋鍾, 1887~?) 외에 알려지지 않은 수행원으로

● 헤이그에 밀사를 파견: 1907년 고종이 이준(李儁) 등에게 친서와 신임장을 휴대시켜서 네덜란드의 헤이그에서 열리는 만국평화회의에 출석하게 하여 을사조약(乙巳條約, 1905) 체결이 한국 황제의 뜻에 반하여 일본의 강압에 의한 것임을 폭로하고 이를 파기하려 꾀한 일.

홍진호와 광수를 설정한 듯하다.

　우리나라가 일제 식민지가 되기 직전인 대한제국기(1897~1910)
는, 나라가 기울어가는 비극적 역사를 조명하는 괴로움 때문인지
영화 창작자들이 시대 배경으로 잘 다루지 않았다. 그러나 대한제
국은 사실 한 나라의 운명이 좌우되는 절체절명의 시기였기 때문에
영화로 표현할 만한 인물과 에피소드, 시대적 갈등이 무궁무진한
편이다.

대한제국기의 정치 상황

　영화의 배경이 되는 대한제국은 1897년에 조선의 26대 왕 고종
이 스스로 왕조 국가인 조선의 문을 닫고 새로이 세운 황제국가였
다. 고종은 대한제국의 1대 황제가 되면서 칭제건원(稱帝建元)을 하
였다. 칭제건원이란 임금을 황제라 칭하고 독자적인 연호를 쓴다는
의미이다. 황제는 왕보다 더 높은 개념이었는데, 왕이나 제후를 거
느리고 나라를 통치하는 최고 권력자를 의미한다. 이전에 동아시아
에서 칭제는 중국에서만 가능했다. 주변 국가들은 임금을 황제의
아래격인 왕으로 불렀다. 그러다가 대한제국에 이르러 고종이 스스
로를 황제라 칭하고 나라를 다시 고쳐 세운 것은 기존의 전근대적
중국 중심의 세계질서를 탈피하여 근대 국가로서 대한제국의 독립

▌ 대한제국은 1897년에 고종이 스스로
황제 자리에 오르고 광무라는 연호를 쓰
면서 새로 정한 국호다.

과 국가의 위상을 높이겠다는 의미였다. 독자 연호를 쓰는 것도 마
찬가지 의미였다. 이전에 조선은 중국의 황제가 즉위할 때마다 바
뀌는 연호를 따라 썼다. 그것은 시간 개념을 중국에 맞추려는 세계
관 때문이었다. 그러다 대한제국에 들어서면서 독자 연호 광무(光
武)를 쓴 것은 칭제와 마찬가지로 중국 중심의 세계관을 벗어나 세

▌ 1910년 한일 강제 병합 직후 덕수궁 석조전 앞에서 찍은 왕실과 통감부 관리들의 기념사진. 일제는 이에 앞서 1904년에 군사경찰훈령을 통해 치안권을 빼앗고, 1907년에는 군대해산령으로 군대까지 해산했다.

계무대에 독립된 국가로 당당히 나서겠다는 의지의 표명이었다.

대한제국은 비록 13년이라는 짧은 기간 동안 존속했지만, 이 시기는 우리나라 역사에서 매우 긴박하고도 중요한 때였다. 대내적으로는 미처 준비할 틈도 없이 밀어닥친 서양 문물을 소화하면서 대외적으로는 국권 피탈을 막기 위해 일본 제국주의에 맞서야 했고, 애국지사와 친일 세력 간 치열한 갈등이 빚어지기도 했다.

대한제국의 황제가 된 고종(高宗, 재위 1863~1907)은 이 시기 자신의 모든 부와 힘을 총동원하여 기울어가는 나라를 다시 일으켜 세우기 위한 마지막 사투를 벌이고 있었다. 그러나 고종의 이러한 노력은 외세라는 거대한 바람 앞에 그다지 큰 힘을 발휘하지 못했고, 황제의 자리조차 흔들리는 등불처럼 위태로워졌다.

영화는 대한제국기 황실의 친위대로 육군 참령(參領)이라는 고위직에 있었던 홍진호가 무슨 이유에서인지 관직에서 물러난 뒤 남의 불륜사나 파헤치는 삼류 탐정 노릇을 하는 데서부터 시작한다.

영화에는 나오지 않지만, 일제가 1904년에 군사경찰훈령으로 대한제국의 치안권을 빼앗고 1907년에는 군대해산령으로 대한제국의 군대를 해산했다. 이때 육군 참령직도 폐지되었다. 육군 참령은 1894년 군제 개혁에 따라 정해진 장교 직위 중 하나로, 오늘날 소령에 해당한다. 군대해산은 나라를 방어할 힘을 빼앗긴다는 것이며 국권피탈로 이어질 것이었기 때문에 많은 애국지사들이 비탄에 빠졌다. 영화 속 홍진호처럼 육군 참령이던 실존 인물 박승환(朴昇煥, 1869~1907)은 군인으로서 나라를 지키지 못했다는 자괴감에 아래와 같은 유서를 남기고 스스로 목숨을 끊기도 했다.

군인으로서 나라를 지키지 못하고
신하로서 충성을 다하지 못하였으니,
만 번 죽은들 무엇이 아깝겠는가
軍不能守國 臣不能盡忠 萬死無惜

군대해산은 국가의 존망이 달린 문제이면서 대한제국의 수많은 직업 군인을 실업 상태에 빠트린 사건이었다. 영화에서 육군 참령이던 홍진호가 거리의 탐정이 된 것도 아마 이 때문일 테다.

이에 반해 홍진호의 부하였던 오영달(오달수 분)은 출세에 혈안이 되어 일제가 관리하는 경무국의 순사부장으로 변신, 홍진호와 갈등을 빚는다. 경무국은 일제가 군사경찰훈령으로 대한제국의 치안권을 빼앗은 뒤 자기들 입맛에 맞는 경찰제도를 만들기 위해 1905년에 새로 만든 조직이다. 일본인 마루야마 시게토시(丸山重俊)가 경무국 고문이었던 것에서 알 수 있듯 새로 만든 경찰 조직에는 일본인을 앉혀서 한국 사람들을 통제하려 했다. 그 때문에 오영달의 직위인 경무국 순사부장은 실무자인 순사들을 관리하는 계급이지만 그다지 고위직은 아니었다. 당시 한국인에게는 그 정도의 하급관리직 정도만 허락되었던 것이다.

몰락한 군인, 신여성, 신지식인

나라의 위기 앞에 미래에 대한 희망을 잃어버린 홍진호는 박승환처럼 나라를 위해 죽을 용기도, 오영달처럼 일제의 개가 될 비루함도 택할 수 없었다. 그의 유일한 목표는 조국을 등지고 20세기 초 신세계의 희망을 품게 하는 미국으로 가는 것이었다. 그래서 그는 미국으로 가는 뱃삯을 마련하기 위해 남의 불륜사를 파헤치고, 거

▌영화에 등장하는 인물은 저마다 시대 상황을 대변하고 있다. 탐정단을 이루는 홍진호(황정민 분)와 박순덕
(엄지원 분)과 광수(류덕환 분)가 각각 몰락해 가는 대한제국의 군인. 가부장제를 벗어나 새 세상을 찾아가는
신여성. 일제 침략기에 새로운 문물을 받아들인 전문직 지식인을 상징한다.

기에서 얻은 자극적인 사진을 신문사에 파는 일도 주저하지 않는
다. 그에게 탐정 일은 돈을 벌기 위한 수단일 뿐이었다.

　　그러나 홍진호가 살인 누명을 뒤집어쓸 위기에 처한 의생 광수
를 우연히 만나고, 장안의 화제가 된 살인 사건에 뛰어들게 된다.
이때 비로소 그는 진지하게 탐정 일에 몰두하는데, 여기에 정체를
알 수 없는 양반가의 아씨 박순덕(엄지원 분)이 가세하면서 영화는 점
점 흥미를 더해 간다.

　　박순덕은 분명 머리에 쪽을 찌고 나와 결혼했다는 것을 드러내
지만 남편은 등장하지 않는다. 그녀는 홍진호가 친위대 참령이었

을 때 호위받은 인연으로 그를 돕는데, 이는 그녀가 친위대의 호위를 받을 만큼 중요한 가문 또는 황실과 관련 있음을 보여 준다. 당시 폐쇄된 방직공장에 실험실을 꾸리고 갖가지 발명품을 만드는 박순덕의 재력을 갖추려면 어마어마한 권세가 있어야 했다. 영화 끝부분에 박순덕과 홍진호가 신문광고로 만날 날짜를 정하는 것을 이용해 고종이 나타난 데서 박순덕이 황실 쪽 인물임을 알 수 있지만, 박순덕의 신분에 대한 설명이 더는 나오지 않는다.

한편 홍진호와 박순덕을 연쇄살인 사건에 휘말리게 하는 의생 광수는 1907년 당시 대한의원에 소속된 수습 의사로 추측된다. 영화에서 광수의 신분인 '의생'은 1913년에 일제가 한국인 의사들을 격하하려고 만든 명칭으로, 1907년에는 이런 말이 없었다. 대한의원은 대한제국이 들어서면서 국민들의 질병 치료를 위해 한양에 설치한 국립 병원이다. 원래 1899년 4월에 내부병원(內部病院)으로 설치되었다가 1900년 6월에 광제원(廣濟院), 1907년 3월에 대한의원으로 이름이 바뀌었다. 우리나라에 일제 통감부가 설치되고 대한의원에 일본인 의사들이 대거 투입되면서 한국인 의사들은 차별받고 핍박받게 되었다. 영화 속 광수가 바로 이때 일본인 의사 밑에서 서양 의술을 배우는 수습 의사로 설정된 듯하다. 일제는 우리나라에 대한 침략 의지를 노골적으로 드러내면서 사회 각 방면의 전문직 양성을 방해했다. 의료 분야에서도 일본인 의사를 대거 우리 땅에 침투시켜 한국인 의사가 설 자리를 빼앗았다. 그 뿐만 아니라 의료

1910년 무렵 서대문을 통과하는 전차.

행위에서도 분명하게 한국인과 일본인을 차별했다. 영화 속 일본인 의사가 한국인과 일본인을 차별하면서 돈만 밝히는 장면은 당시 상황을 유사하게 표현한 것이다.

영화에서 연쇄살인의 첫 번째 희생자인 민수현은 친일파 가문의, 도락에 빠진 자식으로 설정되어 있다. 실제 대한제국기 민씨 가문은 고위층으로서 부와 권력을 누렸다. 명성황후의 친정 가문이었던 민씨 세력은 고종의 친위 세력이기도 했지만 이 시기 친일로 기우는 경우가 많았다. 아마도 감독은 이런 역사적 배경에 근거해 극중 인물의 성(姓)을 정한 것이 아닐까 추측된다.

그런데 영화는 1907년 한성(서울)을 다소 현대적으로 표현하고 있다. 영화에 나오는 전차는 당시에도 있었지만, 그 외 건물의 생김새나 간판이 즐비한 종로의 풍경, 사람들의 옷차림 등은 외래 문물이 많이 정착한 1930~1940년대의 모습 같다. 탐정 홍진호의 중절모자와 양복도 1907년의 옷차림으로 보기에는 너무 앞서간 느낌이 없지 않다.

한국 서커스의 역사

영화에서 살인 사건은 서커스를 둘러싸고 일어나는데, 사실 이 서커스라는 설정도 1907년의 역사적 배경으로는 맞지 않다. 영화

| 1925년에 만들어진 동춘서
커스는 해방 이후 1970년대까
지 전성기를 구가했다.

속 사건의 배경이 되는 로야루-사카스(로열서커스)의 단장(윤제문 분)
은 '억관'이라는 한국 사람이다. 그러나 우리나라에서 한국 사람이
단장을 맡은 서커스는 1925년에 만들어진 동춘서커스가 처음이다.
당시에는 '서커스'라는 단어도 쓰지 않았고, 우리나라보다 앞서 서
양 문물을 받아들인 일본에서도 곡예단에 서커스라는 이름이 붙은
것은 1913년 이후라고 한다.

　서커스는 고대 이집트에서부터 있었고 로마 시대를 거치면서 원
형 무대가 만들어졌으며, 오늘날과 같이 동물과 사람이 기예를 펼
치고 마술과 연희 등을 동시에 공연하는 서커스는 18세기 영국에서
처음 등장했다고 한다. 말을 타고 하는 여러 가지 기예를 보여 주기
위해 무대를 원형[circle]으로 만들면서 '서커스'라는 이름을 쓰기 시
작했는데, 서커스를 '곡마단(曲馬團)'이라고도 부르니 초창기 서커스
에는 말이 많이 이용된 것 같다.

이런 서구의 서커스가 들어오기 전부터 우리나라에는 줄타기를 비롯한 여러 기예에 능한 남사당패가 있었기 때문에, 서커스는 정착하는 데 큰 어려움이 없었고 그 인기도 상당했다. 실제로 동춘서커스는 해방 이후 1970년대까지 전성기를 구가했으며 단원이 250여 명이나 되었다.

서커스에 관한 영화의 설정이 시대 배경과 맞지 않지만, 서커스는 영화가 말하고자 하는 것을 드러내는 공간 배경으로서의 역할을 충실히 해내고 있다. 특히 서커스 단원들이 모두 화려한 일본풍 비단옷을 입은 데 비해 착취당하는 가련한 두 소녀가 남루한 삼베 한복을 입고 있는 모습은, 대한제국기에 돈과 출세를 위해 무작정 왜색을 좇은 사람들과 일제에 희생된 가난한 우리 민족의 모습을 상징적으로 대비한다.

영화에서 서커스 단장 억관은 대한제국기 상류층과 일본 고위 관료들의 추악한 욕망을 채워 주면서 자신의 마약 밀매를 보호받는다. 혼란한 시기에 사리사욕을 위해 어디든 붙을 수 있었던 비열한 친일파의 일면을 보여 주는 것이다. 억관과 달리 그의 쌍둥이 동생은 형이 권세가에 붙어 저지른 일들을 피로 응징하며 막으려 한다. 이는 당시 친일 모리배가 저지른 악행을 수습하려고 하던 의병과 애국지사의 모습을 상징하는 것이 아닐까 싶다. 이 형제를 쌍둥이로 설정한 것은 매국과 호국이 결국 우리 민족 안에 함께 있었음을 보여 주기 위해서일 테다.

탐정 홍진호는 서커스의 이중성과 비밀을 밝히면서 혼란한 시기, 나라를 버리고 혼자만 살겠다고 이민을 가는 것이 능사가 아니라 우리 민족 안의 적과 아군을 직시하고 이를 명쾌히 밝히는 것이 바로 자신에게 맡겨진 시대적 사명임을 깨닫는다.

화려하고 몽환적인 공연 뒤에 추악한 비밀을 감추고 있는 서커스와 이를 이용해서 용서받지 못할 욕망을 채우는 자들, 그리고 이들의 추악한 비밀을 파헤치다가 자신의 꿈을 비로소 인식하게 되는 탐정단의 흥미진진한 이야기는 다소 헐거운 추리 구성을 덮을 만큼 상당히 재미있다.

2

독립운동가인가 이중간첩인가

〈밀정〉

'독립운동을 하면 3대가 망한다'는 가슴 아픈 말이 있다. 최근에는 독립유공자 후손들이 '자부심보다 가난이 부끄럽다'는 솔직한 심정을 토로하기도 했다. 이런 사실은 21세기 대한민국을 사는 사람 모두가 부끄러워해야 한다. 일제에 핍박받고 고통받으면서도 꾸준히 한반도의 독립 의지를 세계에 알린 독립운동가들 덕분에 오늘날 우리가 대한민국이라는 독립국에 살 수 있게 되었기 때문이다. 그런데도 그동안 우리 사회는 독립운동가의 공을 기리고 고마워하기보다는 외면한 것이 사실이다.

이런 사회 분위기는 영화에도 그대로 투영되었다. 그간 독립운동을 정면에서 다룬 한국 영화가 많지 않았다. 특히 2000년대 이후 일제강점기를 다룬 영화들은 대개 이 시기의 모더니즘적인 분위기를 차용할 뿐 독립운동이나 애국심을 주제로 다루는 것을 어쩐지

▎영화 〈밀정〉에서. 이정출(송강호 분), 하시모토(엄태구 분), 김우진(공유 분).

어색해했다. 그러다 2015년 〈암살〉의 흥행으로 항일 독립운동을 직접 다뤄도 관객의 관심과 흥미를 불러일으킬 수 있다는 경험치가 생기면서 독립운동이나 일제의 핍박을 다룬 영화들이 부쩍 늘었다.

그중 〈밀정〉(2016년 개봉, 감독 김지운)은 여러 사건과 인물을 조합한 〈암살〉보다 당대의 독립운동을 깊이 있게 다룬 영화로, 실제 사건을 모티브로 삼아 독립운동과 친일 사이에서 갈등한 1920년대 인간들의 면면을 파헤친다.

열사 김상옥의 종로경찰서 폭탄 투척 사건

〈밀정〉의 주요 모티브는 '황옥(黃鈺, 1885~?) 경부 폭탄 사건이다. 이는 1923년 경기도 경찰부 소속 경부(경감급)인 황옥이 일제의 주요 기관을 파괴하려고 의열단원과 합심해 중국에서 국내로 폭탄을 들여왔다 발각된 사건인데, 당시에 사회적으로 큰 파장을 일으켰다.

영화는 주요 사건으로 들어가기 전, 주인공의 심리를 드러내기 위해 김상옥(金相玉, 1890~1923) 열사의 의거를 가공해 보여 준다. 영화 도입부에서 독립운동가 김장옥(박희순 분)은 군자금을 마련하려다가 친일 부호가 쳐 놓은 함정에 빠지고, 일경과 극한 대치 끝에 스스로 죽음을 택한다. 군자금 마련 부분은 실제 사건과 다르지만, 김장옥이 일제와 마지막까지 치열하게 싸우다가 장렬하게 죽는 것은 김상옥 열사의 최후와 유사하다.

1919년에 일어난 3·1운동은 그야말로 계급과 지역과 성별을 초월한 범국민적 독립운동으로 왕권 대신 민권을 중심에 둔 국가관을 갖는 계기가 된, 우리 민족사에서 참으로 큰 사건이다. 3·1운동을 통해 민족적 자각과 단결의 의미를 깨달은 사람들이 속속 독립운동에 투신했는데, 김상옥 열사도 그중 한 명이다. 그는 1920년 서울에서 혁신단이라는 비밀결사를 조직하고 독립사상을 계몽·고취하는 한편 일제 주요 인사의 암살을 기도했다. 처음에는 국내에서 총독 암살을 계획했는데, 일경에게 동지들이 발각되자 국외에서 힘을 기르기 위해 대한민국 임시정부를 찾아 상하이로 망명했다. 그리고 이때 김원봉(金元鳳, 1898~1958)을 중심으로 결성된 의열단에도 참가했다. 의열단은 1919년 11월 만주에서 조직된 민족주의 노선 항일 비밀결사로, 일제 수탈 기관 파괴와 요인 암살 등의 무장투쟁을 펼쳤다.

김상옥은 군자금을 모으다가 1923년에 다시 총독 암살 계획을 실행하려고 무기를 마련해 국내에 들어온다. 그러나 그 움직임을 파악한 상하이 주재 일경의 통보로 일제가 경계를 강화해, 총독 암살이 어려워졌다. 결국 김상옥은 계획을 바꿔 종로경찰서에 폭탄을 던졌다. 당시 종로경찰서는 대표적인 독립운동 탄압 기관이었다. 폭탄을 맞은 종로경찰서는 아비규환이 되고, 거사를 치른 김상옥은 일경에 신분이 드러나 쫓기는 신세가 된다.

〈밀정〉에서 양손에 권총을 든 김장옥이 지붕을 넘나들며 총격전을 벌이는 장면이 있는데, 실제 김상옥의 도피 과정이 그랬다고 한다. 그는 도피하면서도 시가전을 치르고 주요 일경을 사살하기도 했다. 일경이 그를 잡기 위해 1000여 명이나 동원한 이유를 알 수 있는 대목이다. 하지만 그가 아무리 신출귀몰했어도 혼자 1000명을 상대하기란 중과부적이었다. 영화 속 김장옥처럼 김상옥은 마지막 탄환 한 발을 자기 가슴에 겨누고 벽에 기댄 채 '대한 독립 만세'를 외치면서 자결, 순국했다. 그때 그는 서른네 살이었다.

한편 영화에서 김장옥이 동상으로 엄지발가락 하나를 잃었다고 나오는데, 실제 김상옥이 일경과 싸우다 동상에 걸려 엄지발가락을 잃었다고 한다. 그리고 그의 어머니가 찾은 아들의 시신에는 총상이 열한 군데나 있었다.

김상옥의 마지막 총격전을 중학생 시절에 목격한 화가 구본웅(具本雄, 1906~1953)은 자신의 시화첩 『허둔기(虛屯記)』에 감동적인 시와 당시의 광경을 담은 그림을 남겼다.

■ 김상옥 열사의 마지막 총격전을 목격한 화가 구본웅이 시화첩 『허둔기』에 남긴 그림과 시.

아침 7시. 찬바람.

섯달이 다 가도 볼 수 없든 눈이

정월들자 나리니 눈바람 차갑든

중학시절 생각이 난다.

아침 7시 찬바람. 눈싸힌 덜판.

새로진 외딴집 세 채를 에워싸고

두 겹 세 겹 느러슨 왜적의 경관들

우리의 의열 金相玉 義士를 노리네.

슬프다 우리의 金義士는 양손에

육혈포를 꽉 잡은 채. 그만—

아침 7시. 제비(金義士의 別名을 제비

라하여 불렀섰음) 길을 떠낫더이다.

새봄되오니 제비시여 넋이라도 오소서.

독립운동의 영웅 김원봉

김상옥의 종로경찰서 폭파 사건과 황옥 경부 사건의 배후에는 의열단이 있었다. 당시 의열단의 단장은 김원봉이었다. 1920년대 일어난 많은 항일 무장 독립운동은 그가 기획했다. 김원봉은 어떤 사람일까?

〈밀정〉에서 배우 이병헌이 맡은 김원봉 역을 영화 〈암살〉에서는 배우 조승우가 보여 준다. 이 두 영화에서 모두 다룰 만큼 김원봉은 항일 무장 독립운동계에서 빼놓을 수 없는 인물이었다. 그는 일제 강점기에 매우 의미 있는 무장 독립운동을 펼친 의열단의 수장으로서 수많은 공을 세웠다. 일제는 신출귀몰해서 잡히지도 않는 그를 김구(金九, 1876~1949)보다 더 골치 아픈 존재로 여겼다. 그의 체포에 건 현상금이 김구보다 더 높았다고 하니 독립운동계에서 큰일을 한

┃ 김원봉은 일제강점기에 매우 의미 있는 무장 독립운동을 펼친 의열단의 수장으로 수많은 공을 세웠다.

것은 틀림없다.

김원봉은 1898년에 밀양에서 태어났다. 그 역시 3·1운동에 큰 감동을 받아 독립운동을 위해 1919년에 중국으로 망명했다. 그는 독립을 위해서는 평화적인 방법보다 충격에 가까운 무장투쟁이 타당하다고 생각했다. 무장 독립운동이 국내에서 일어나면 일제에 위축된 한국인들에게 희망을 줄 수 있었고, 국외에서 일어나면 세계에 우리의 독립 의지를 강력하게 보여 줄 수 있었다. 김원봉은 뜻을 같이하는 청년 열세 명과 의열단을 만들었다. 의열단은 조직된 이듬해부터 국내외에서 일제의 지위 높은 관리와 친일파를 암살하거나 관청을 폭파하는 등 활동을 펼쳤다.

의열단 활동을 통해 독립을 위해서는 군대가 필요하다고 절감한 김원봉은 항일 혁명가를 양성하는 한편 항일 무장투쟁 조직인 조선의용대를 창설하였다. 그는 중일전쟁이 일어나자 중국을 도와 큰 성과를 거두기도 했다. 그 뒤 김원봉은 대한민국 임시정부 군무부 장과 광복군 부사령관 등을 맡아 활동했다.

그런데 이렇게 혁혁한 공을 세웠어도 김원봉은 독립운동가로서 추서되지 못하고 있다. 그가 해방 정국에 월북했기 때문이다. 1945 년 해방 이후 돌아온 김원봉은 신탁통치 문제로 좌우익이 대립할 때 좌익 계열에 참여했다. 그가 북한을 선택하게 된 데는 친일 청산 이 제대로 안 된 탓도 있다. 일제에도 체포되지 않던 그가 해방 정 국에, 친일 경찰이던 노덕술(盧德述, 1899~1968)에게 잡혀 고문까지 받은 것이다. 1948년 남쪽에서 단독정부 수립을 추진하자, 김원봉 은 이에 반대하면서 북으로 갔다. 그 뒤 북한에서 정치 활동을 했지 만 1958년에 김일성(金日成, 1912~1994)이 경쟁자를 숙청할 때 제거 되고 말았다. 일제강점기 동안 타국에서 풍찬노숙하며 독립을 위해 인생을 바친 그를, 해방 이후 조국은 남에서도 북에서도 제대로 대 접하지 않았다.

〈밀정〉과 황옥 경부 폭탄 사건

영화의 제목인 '밀정'은 '비밀리에 남의 사정을 살피는 것 또는 그런 사람'을 뜻한다. 간첩, 첩자와 같은 말인데, 밀정은 특히 일제

│ 1923년 8월 경성지방법원에서 열린 '황옥 경부 폭탄 사건' 재판의 황옥(왼쪽)과 김시현. ⓒ 동아일보

강점기의 첩자를 가리킬 때 주로 쓰인다. 일제는 독립운동을 궤멸하기 위해 밀정을 독립운동 조직에 많이 심었다. 즉 밀정은 비밀리에 일제의 명령에 따라 활동한 한국 사람이다. 이들은 독립운동가들 틈에 숨어 그들을 이간질하거나 독립운동의 동향을 일제에 보고하고 파괴하는 일까지 했다.

앞에서 말했듯이 영화 〈밀정〉의 모티브는 '황옥 경부 폭탄 사건'인데, 황옥이 과연 밀정인가에 대해서는 당시부터 오늘날까지 논란거리다. 영화에서는 황옥을 모델로 주인공 이정출(송강호 분)을 만들었는데, 이정출의 행보는 실제 황옥과 유사한 점이 매우 많다.

황옥은 경기도 경찰부에서 경감급에 해당하는 경부로 일하던 중 의열단원 김시현(金始顯, 1883~1966)과 만나 독립운동에 헌신하기로 결의한다. 황옥과 닮은 영화 속 이정출은 김우진(공유 분)을 통해 김원봉(이병헌 분)을 만난 뒤 갈등 속에서 독립운동에 참여한다. 영화에서는 이정출이 김장옥의 친구로, 독립운동을 하다 변심해서 일본 경찰이 되었다고 나온다. 하지만 이는 실제와 다르다. 황옥은 1919년 전후로 중국을 드나들면서 독립운동가들 틈에서 밀정 노릇을 한 전력이 있고, 그 공으로 1923년에 일제 경찰로 발탁되었다. 다만 1923년 종로경찰서 폭탄 투척 사건을 조사하기 위해 출장 간 중국 텐진에서 김원봉을 만났다고 하니, 김상옥과 어느 정도 관련 있었던 것은 사실이다.

영화에서 주요한 사건은, 일제의 기관을 파괴하고 일제 요인과 친일파를 암살하기 위해 무기를 국내로 반입하는 일이다. 황옥은 의열단으로부터 폭탄 서른여섯 발과 권총 다섯 정을 받아 권동산(權東山, 1886~1935), 김시현, 김재진(金在震) 등 단원들과 신의주를 거쳐 서울까지 이를 운반했다. 의열단은 이 무기로 국내에서 무장투쟁을 결행하려 했지만, 김재진의 배신으로 일경에 체포되어 실행에 옮기지 못했다.

이 사건은 체포 직후부터 현직 일경인 황옥이 독립운동에 가담했다는 것으로 논쟁을 불러일으켰다. 그가 과연 독립운동을 했는지, 그의 전력을 볼 때 독립운동가들의 동향 파악을 위해 밀정 노릇을 하지 않았는지가 당시에도 논란이 된 것이다. 그를 밀정으로 본 것은, 재판 과정에서 그가 자신이 밀정이라고 증언했기 때문이다. 그가 독립운동가들과 교류하는 과정에 독립운동 동향을 정탐하고 일제에 보고한 사실도 드러났다. 그러나 황옥의 증언은 고육지책이었다는 평가도 있다. 스스로 거짓 증언을 해서 형량을 줄이려 했다는 것이다. 그와 함께 행동한 김시현과 김원봉 등이 사건 이후 그를 배척하지 않고 동지로 대우한 것을 보면 그가 진짜 독립운동을 했다는 의견도 있다.

영화에서는 이정출이 밀정이라고 자백하고 형량을 줄여 출소한 뒤 의열단이 반입한 폭탄으로 무장투쟁을 하는 것으로 나오지만, 이를 뒷받침하는 기록은 남아 있지 않다. 황옥은 출옥 후에 별다른 대외 활동이 없었다. 일경에 다시 들어갈 길은 물론 막혔고, 뚜렷하게 독립운동을 하지도 않았다. 다만 여전히 독립운동가들과 친분을 유지하면서 지냈다고 한다.

해방이 되자 황옥은 미군정 경무총감으로 일하면서 반민특위에서 활동했다. 1950년에는 2대 국회의원 선거에서 민주국민당 소속으로 파주에서 출마했지만 낙선하고, 한국전쟁 때 납북되었다.

불굴의 독립운동가, 비운의 삶 김시현

한편 이정출과 함께 국내로 무기를 반입하기 위해 동분서주하는 김우진의 모델이 된 김시현은 그 삶이 매우 남달라 흥미롭다.

안동 출신인 김시현은 메이지대학 법학부를 졸업한 지식인으로 3·1운동 이후 만주로 건너가 본격적으로 독립운동에 투신했다. 의열단에 들어가 무장투쟁의 길을 걷기 시작했고, '황옥 경부 폭탄 사건'의 주모자로 체포되어 10년형을 받고 복역했다. 출소 뒤에 다시 중국으로 건너가 독립운동에 나섰고 조선혁명군사정치간부학교의 생도를 모집할 때 북경 지역 책임자가 되었는데, 이때 민족 시인 이육사(李陸史, 1904~1944)가 1기생으로 입교하기도 했다.

김시현은 불굴의 독립운동가다. 독립운동 혐의로 여섯 번 체포되고 19년간 복역하면서도 결코 독립운동을 멈추지 않았다.

1945년 광복 후 귀국한 김시현은 해방 정국 초기에 귀환 동포와 국외 동포를 돕고 보살피면서 해방된 새 나라에 대한 기대를 실현하려고 했다. 그러다 미국과 소련 사이에서 한반도의 분단이 확실해지자 이를 바로잡기 위해 정치에 나섰고, 1950년 안동에서 2대 국회의원으로 당선했다. 그러나 한국전쟁이 터지면서 이 국회는 1주일밖에 열리지 못했고, 그의 의정 활동도 여기서 그친다.

1952년, 김시현은 의열단원으로 독립운동을 함께 한 유시태(柳時台, 1890~1965)와 돌연 대통령 이승만(李承晚, 1875~1965) 암살에 나

▌독립운동가 김시현은 한평생 독립운동과 반독재 투쟁에 몸을 던졌
으나, 이승만 암살 미수 사건 때문에 지금까지 독립유공자 서훈을 받
지 못한 비운의 인물로 남아 있다.

섰다가 총알이 불발해 실패했다. 이승만이 전쟁으로 도탄에 빠진
국민을 위하기는커녕 반공 이데올로기를 내세우며 민간인을 학살
하고 독재를 공고히 한다고 본 김시현은 그를 제거하는 것이 나라
를 위하는 길이라고 생각했다. 방아쇠는 유시태가 당겼지만, 그 배
후에는 김시현이 있었다. 당시 유시태는 62세, 김시현은 69세였다.
이 사건으로 김시현은 사형을 언도받았다가 무기징역으로 감형되
는데, 8년 넘게 수형 생활을 한 뒤 1960년에 4·19혁명으로 석방되
었다. 그리고 같은 해 5대 민의원 선거에 무소속으로 출마해 당선했
으나, 이듬해에 5·16쿠데타가 일어나자 정치에 대한 뜻을 접고 정
계에서 물러났다. 그는 해방 이후에도 여전히 친일파들이 활보하는
세상을 개탄했다고 한다.

▌ 김시현은 1952년 의열단 단원 유시태와 이승만의 암살을 꾀하다가 총알이 불발되어 실패하였다. 방아쇠를 당긴 것은 유시태였고 배후는 김시현이었다. 암살 미수 후 용의자로 체포된 유시태. 제공: 임시수도박물관

김시현의 삶을 한마디로 표현하면, 불의를 참지 못하는 불굴의 삶이었다. 그는 한평생 독립운동과 반독재 투쟁에 몸을 던졌으나, 이승만 암살 미수 사건 때문에 지금까지 독립유공자 서훈을 받지 못한 비운의 인물로 남아 있다.

일제강점기에 자신의 삶을 돌보지 않고 나라의 독립을 위해 고 군분투한 이들이 있었기에, 핍박받던 민족의 역사가 광복이라는 결실을 보았다. 그러나 해방 이후 친일을 제대로 청산하지 못하면서 그들이 다시 권력을 잡고 새로 부상하는 세력과 합종연횡에 몰두하

는 동안 독립운동가들은 고의로 잊히거나 세월에 가려졌다. 최근
이런 문제를 해결하기 위한 노력들이 새롭게 시작되고 있어 참 다
행한 일이다.

3

아나키스트 박열과
가네코 후미코의 사랑과 투쟁

〈박열〉

〈박열〉(2017년 개봉)은 〈동주〉(2016년 개봉)에 이어 이준익 감독의 두 번째 전기 영화다. 영화 서두에 철저한 고증을 거쳐 만들었다고 밝히듯, 이 영화는 독립운동가 박열(朴烈, 1902~1974)과 그의 아내 가네코 후미코(金子文子, 1903~1926)가 일본 정부에 '엿 먹인' 사건을 거의 왜곡 없이 보여 준다.

영화가 개봉하기 전에 대부분의 사람들에게 박열은 낯선 인물이었고, 그의 일본인 아내 가네코 후미코는 더욱 그랬다. 그러나 1920년대에 이 부부가 식민지 한국 사람에게는 통쾌함을, 일본 정부에는 당혹감을 안겨 주었다. 이들이 잘 알려지지 않은 것은, 이들이 표방한 독립운동의 근거가 아나키즘(무정부주의)인 데다 박열의 마지막 행보가 납북이라 남한에서 그의 이름을 오랫동안 의식적으로 외면했기 때문이다. 여기에 가네코 후미코라는 생경한 일본 이름이 독립운동과 관련된 사실도 작용했다. 1990년대 이후에나 박열에 대해 말할 수 있게 되었고, 그의 독특하고 강인했던 아내 가네코 후미코도 그제야 사람들에게 조금씩 알려지기 시작했다. 영화 〈박열〉은 이 두 사람의 이름을 본격적으로 호명하여 유쾌하지만 비장하고 가벼운 듯하면서도 치열했던 이들의 이야기를 들려준다.

3·1운동의 영향을 받다

〈박열〉의 공간적 배경은 일본 도쿄다. 영화가 시작하면 박열(이제훈 분)이 끈질기고 근성 있는 인력거꾼으로 등장하는데, 도입부의 시간적 배경인 1922년은 박열이 도쿄로 간 지 2년 정도 되었을 때다.

박열의 집안은 경상도 문경에서 대대로 글을 읽는 선비 가문이었는데, 총독부의 지원을 받은 일제 자본가들이 문경을 광산으로 개발하는 과정에 몰락했다. 마구잡이로 광산을 개발하면서 한국인 노동자에 대한 착취와 인권 유린 등 각종 폐해가 뒤따랐고, 이 때문에 박열의 집안을 비롯한 이 지역 사람들은 상당히 강한 반일 감정을 가지고 있었다.

박열은 16세 무렵 서울의 경성고등보통학교로 진학했는데, 이 학교는 현재 경기고등학교의 전신이다. 대한제국기인 1900년에 관

립 학교로 처음 설립될 때부터 각지에서 뛰어난 인재들을 모아 관료로 키우는 학교로 여겨졌고, 일제강점기에도 학업 성적이 뛰어나야 입학할 수 있었다.

1919년 3월 1일에 일어난 3·1운동은 당시 수많은 한국의 청년들에게 독립을 향한 뜨거운 열망을 자각하게 했다. 박열도 그중 한 사람이었다. 경성고보 시절 일어난 3·1운동에 적극 참여한 박열은 이를 전국적으로 확산시키려 했다. 민족적 거사에 공명한 그는 학업을 포기하고 고향으로 내려가 친구들과 만세 시위를 이어 나갔다. 그러나 일제의 잔혹한 탄압으로 3·1운동의 열기가 잦아들자, 박열은 독립운동을 이어가기 위해 1919년 10월에 적의 심장인 일

본 도쿄로 건너갔다. 그곳에서 고학을 시작한 박열은 영화에서처럼 인력거꾼부터 날품팔이, 인삼 행상 등 갖가지 고된 노동을 하면서 영어 학교에 다녔다. 그리고 일본의 아나키스트들과 교류하면서 아나키즘의 세례를 받았다.

한편 박열이 고향에서 3·1운동을 이어 가던 시기에 가네코 후미코(최희서 분)도 한국에 있었다. 박열과는 다소 다른 처지에서 있었지만 그녀 또한 3·1운동에 무한히 감격하고 한국인의 마음에 감응했다. 박열보다 한 살 어린 가네코 후미코는 박열과는 다른 의미에서 일본 제국주의와 자본주의에 핍박당한 일본의 빈민이었다. 그녀의 아버지는 텅스텐 광산에서 광부로 일하다 그 지역의 아가씨와 눈이 맞아 도망친 뒤 가네코 후미코를 낳았다. 그러나 가네코 후미코는 출생신고도 없이 부모에게 버림받았다. 도시 빈민으로서 각자 살기에도 힘겹던 부모가 일찌감치 헤어져 가네코 후미코를 서로 책

┃ 노동과 학업을 병행하던 가네코 후미코는 아나키스트
가 운영한 '오뎅집'에서 일하며 일본과 한국의 아나키스
트들과 교류하다 박열을 알게 된다.

임지려 하지 않았다.

가네코 후미코는 친척 집을 전전하면서 자랐는데, 아홉 살 무렵
고모 집에 맡겨져 한국에 온다. 1910년 강제 병탄 이후 한반도로 이
주한 수많은 일본인 중에 가네코 후미코의 고모부도 있었다. 청주
에 있던 고모 집에 맡겨진 가네코 후미코는 당시 고모와 함께 살던
친할머니로부터 심하게 구박받았다. 친할머니는 그녀를 손녀로 인
정하지 않았다. 그래서 뒤늦게 만든 그녀의 호적에도 아버지의 성
대신 어머니의 성인 가네코를 쓰도록 했다. 어린 나이에 감당할 수
없는 노동과 구박에 시달리며 자살까지 생각한 그녀를 측은하게 여
긴 이들은 일본인 친척이 아니라 한동네의 한국인들이었다. 가네코

후미코는 3·1운동을 목도하면서, 핍박받는 한국 사람들의 심정에 공감하고 그들의 항거에 자신을 투영하게 된다.

박열과 마찬가지로 1919년에 일본으로 간 가네코 후미코는 자신의 운명을 더는 친척에게 맡기지 않고 홀로 도쿄에 정착했다. 그리고 박열처럼 일하면서 영어 학교에서 고학하였다. 아나키스트였던 이와사키(岩崎)가 운영하는 '오뎅집'에서 일하면서 일본과 한국의 아나키스트들과 교류하였다. 그리고 영화에서처럼 운명과도 같이 박열의 시 「나는 개새끼로소이다」를 접한다. 1922년 2월 일본 유학생들이 펴낸 『조선청년』에 실린 박열의 시의 전문은 아래와 같다.

나는 개새끼로소이다
하늘을 보고 짖는
달을 보고 짖는
보잘것없는 나는
개새끼로소이다

높은 양반의 가랑이에서
뜨거운 것이 쏟아져
내가 목욕을 할 때
나도 그의 다리에다
뜨거운 줄기를 뿜어대는

가네코 후미코는 박열의 열정과 결기에 반해 1922년부터 그와 동지적 우애와 남녀의 사랑으로 뭉쳐 함께 살게 된다.

간토대지진과 간토대학살

박열과 가네코 후미코가 함께 살며 아나키스트 활동을 하던 1923년에 간토대지진이 일어난다. 간토(關東)는 하코네의 관문에서 동쪽을 뜻하며 대개 도쿄를 비롯해 사이타마, 지바, 이바라키, 도치기, 군마, 가나가와 현 등을 일컫는다. 교토와 오사카는 하코네 관문의 서쪽이라서 간사이(關西)라고 한다.

영화에서 지진 장면의 비중이 크지 않지만, 간토대지진은 사실 엄청난 천재지변이었다. 주택 12만 채가 무너지고 45만 가구가 불탔으며 사망자와 실종자가 40만 명이나 되었다. 피해 규모가 이토록 큰 것은, 일본의 급속한 공업화와 도시화에 따라 도쿄 주변에 공장노동자로 몰려든 사람들이 밀집되어 있었기 때문이다. 이들의 주거 환경이 정비되지 않은 데다 대규모 지진에 대비하지 못했던 일본 정부의 문제도 컸다.

그전부터 이미 쌀값 폭등을 비롯한 공업화와 도시화의 폐해를 온몸으로 견디고 있던 일본 대중의 불만이 지진과 정부의 부적절한 대응 탓에 한계점을 넘어 폭발할 지경에 이르렀다. 일본 정부는 폭동을 막기 위해, 정부에 대한 분노가 한국인을 향하도록 유언비어를 퍼뜨렸다. 한국 사람들이 우물에 독을 타서 일본인들을 죽이려 하고 폭동을 일으킬 것이라는 거짓 소문이었다. 분노로 가득 차 있던 사람들에게 소문의 진위는 중요하지 않았다. 그들은 분노를 터뜨릴 대상이 필요했고, 일본 정부가 의도한 대로 한국 사람들을 표적으로 삼았다. 영화에 나오는 것처럼 격분한 일본인들은 자경단(自警團)을 조직하고 군경과 협력해, 한국 사람을 마구잡이로 체포하고 구타하고 학살했다. 이때 박열의 아나키스트 동료들도 희생되었다.

영화에서 일본인들이 한국인으로 보이는 사람들에게 고엔(5엔)을 발음하게 한다. 외국인이 일본 사람처럼 정확하게 발음하기 어려운 이 단어를 말하게 한 뒤 제대로 발음하지 못하면 한국인이라고 여겨 무조건 학살한 것이다.

일본 정부가 자국민을 선동해 무법천지를 만든 비열한 획책의 한가운데에는 영화에서처럼 미즈노 렌타로(水野錬太郎, 1868~1949, 김인우 분) 내무대신이 있었다. 영화에서 그의 동료 관료가 '조선에서 부상당한 원한을 풀기 위해 조선인 학살을 조장하느냐'고 말하는 대목이 있다. 실제로 미즈노 렌타로는 1919년에 정무총감으로 사이토 마코토(齋藤實, 1858~1936) 총독과 한국에 왔다가 남대문에서 강우규(姜宇奎, 1855~1920) 열사가 던진 폭탄에 맞아 경미한 상처를 입

▎1923년 간토대학살 때 일본인들이 자경단을 조직해 한국인 사냥에 나섰다. 사진은 자신들이 학살한 한국인의 시신을 내려다보는 자경단원들.

었고, 그때의 공포를 잊지 못했다고 한다. 그 공포와 복수심을 간토대지진의 혼란 속에서 해소하려고 한 것이다.

　미즈노 렌타로는 3년간 한국에 있으면서 기만적 문화정치를 제도화한 인물이다. 겉으로는 유화적인 정책을 펴는 듯하면서 뒤로는 그전의 무단정치보다 더 악랄하게 한국인을 핍박했던 것이다. 미즈노 렌타로가 만든 총독부의 통치 방식은 1945년에 일제가 물러날 때까지 우리 민족을 괴롭혔다.

간토대학살로 죽은 한국인의 수는 정확하게 집계되지 않았는데, 2000명에서 6000명 또는 1만 명에 이른다는 말이 있다. 이들 가운데 상당수는 시신조차 찾지 못했다. 학살이 해외에 알려지면서 일본 정부는 궁지에 몰린다. 영화에 나오듯, 한국인이 폭동을 일으키려 했다는 것을 증명하고 자신들의 과오를 가리지 않으면 안 될 상황에 처한 일본 정부는 불심검문에 걸린 박열과 그의 동료들을 이용해 들끓는 여론을 잠재우려 했다. 마침 일본에 폭탄을 들여다 무장투쟁을 하려던 박열의 계획을 구체화하여 그에게 황태자(훗날 쇼와 천황)를 죽이려 했다는 대역죄를 뒤집어씌웠다. 박열은 이 죄목을 기꺼이 받아들인다. 자신들의 사건이 신문에 오르내릴수록 간토대학살에 대해 언급하지 않을 수 없음을 알았기 때문이다. 박열은 억울하게 죽은 동포들의 한을 풀어 주기 위해 기꺼이 희생양이 된다. 그리고 그의 뜻에 동조한 가네코 후미코도 그와 함께 대역죄를 뒤집어쓰고 재판에 나와 일본의 천황제를 비판하며 제국주의의 추악한 얼굴을 낱낱이 까발렸다.

옥중 결혼과 서로 달랐던 최후

　박열과 가네코 후미코는 재판에 이어 옥중 사진 촬영으로 일본 전체에 혼란을 일으켰다. 이 부부에게는 사람을 감동시키거나 설득하는 진정성이 있었던 것 같다. 이들을 취조하던 검사와 예심판사가 두 사람에 대한 호감과 존경심으로 이들의 사랑을 응원하며 사진을 찍을 수 있도록 배려했기 때문이다. 영화에도 두 사람이 옥중에서 혼인신고서를 내고 다테마스(김준한 분) 예심판사의 호의로 사진을 찍는 장면이 있다.

　두 사람이 포개어 앉아 책을 읽는 모습이 담긴 사진은 예심 기간에 찍은 것으로, 언론에 알려졌을 때 일본 전체가 들썩거렸다. 심문 기간에 죄수들이 만나는 일도 있을 수 없는데, 죄수복이 아닌 평상복을 입고 다정하게 사진을 찍었으니 말도 안 되는 일이었다. 이 사진이 빌미가 되어 야당이 '대역죄인 우대'라는 정치 공세를 펴기 시작했고, 결국 다테마스 판사가 사직하고 당시 일본 내각 전체가 사퇴하는 등 큰 반향을 일으켰다.

　한편 영화에서 박열과 가네코 후미코의 변호를 맡은 후세(야마노우치 다스쿠 분)는 실존한 인물이다. 후세 다쓰지(布施辰治, 1880~1953)는 인권 변호사로서 일본 하층민뿐만 아니라 한국과 타이완 등 일본 식민지에 사는 이들의 권리를 보호하기 위해 각종 사건을 맡았다. 사회적 약자의 편에서 그들을 변호하면서 특히 일제의 한국 침

박열과 가네코 후미코가 옥중에서 혼인신고서를 내고 예심판사의 배려로 찍은 사진을 재현한 영화의 한 장면.

탈을 반대하고 독립운동가들을 도왔다. 1911년에 그가 「조선의 독립운동에 경의를 표함朝鮮独立運動に敬意を表す」이라는 글로 일본 경찰의 조사를 받았는데 박열 사건의 변호까지 맡으면서 일제의 눈엣가시가 되었다. 결국 사회적 약자와 정의의 편에 섰다는 이유로 여러 차례 투옥되고 1939년에는 변호사 자격을 박탈당하기까지 했다.

후세 다쓰지의 변호사 자격은 일본이 패전한 1945년에나 회복되었다. 식민지 조선을 위한 그의 활동은 오랫동안 잊혔다가 2000년대에야 재평가되었고, 2004년에는 우리나라 독립운동에 기여한 공으로 우리 정부가 그에게 건국훈장인 애족장을 주었다.

후세 변호사의 노력에도 박열과 가네코 후미코는 사형을 언도받고 각각 다른 형무소에 갇혔다. 일제는 사형선고 1주일 뒤 무기징역으로 감형하고 천황의 은사를 운운하면서 여론을 수습하려고 했다. 가네코 후미코는 1926년 우쓰노미야 형무소에서 자살했다고 알려졌지만 타살설도 있다. 박열과 옥중 결혼을 해 그녀가 법적으로 박열 집안의 사람이 되었기에, 유골은 박열의 형제가 인수해 문경에 안장했다.

한편 박열은 가네코 후미코가 죽은 뒤 일제에 복수라도 하듯 묵묵히 옥중 생활을 이어 나갔다. 그는 장장 22년 2개월에 걸친 징역살이를 하고 1945년 해방 이후에야 석방되었다. 석방된 박열을 환영하는 자리에서, 일본인 형무소장이 박열을 감시한 죄를 참회하고 자기 아들을 그의 양자로 들이겠다는 연설을 했다고 한다. 박열은 재판 중에 다테마스 판사를 감동시켰듯이 형무소장의 마음까지 얻었다.

해방 이후 박열은 이국에서 일제의 손에 죽임을 당한 윤봉길(尹奉吉, 1908~1932), 이봉창(李奉昌, 1901~1932), 백정기(白貞基, 1896~1934) 의사의 시신을 고국으로 모시는 큰일을 맡았다. 또 일본에 남은 한국인들을 위한 조직인 재일본조선인거류민단의 초대 단장을 지냈다. 1949년에는 한국으로 영구 귀국했는데, 한국전쟁 때 북한군의 손에 납북되었다.

　북한에서도 박열은 활동을 멈추지 않았다. 조소앙(趙素昻, 1887~1958), 엄항섭(嚴恒燮, 1898~1962) 등과 재북평화통일촉진협의회에서 활동하며 회장을 맡아 군대 축소와 중립국화를 위해 노력했다. 1974년 1월 17일에 사망한 그의 유해는 평양 애국열사릉에 묻혔다. 가네코 후미코에게 가족을 만들어 주고 죽은 뒤 시신을 안장할 곳을 마련해 준 박열은 끝내 그 옆에 묻히지는 못했다. 2018년 11월, 가네코 후미코는 한국의 독립유공자로 서훈되었다.

4

경성,
새로운 대중문화에 빠져들다

〈라듸오 데이즈〉

우리나라에서는 언제 방송이 시작됐을까? 1895년에 마르코니(Guglielmo Marconi, 1874~1937)가 무선 전신 장치를 발명한 이래 소리를 전기신호로 바꾸는 마이크로폰이 개발되고, 1906년에는 신호를 증폭하고 전송하는 진공관이 발명되면서 라디오가 인류에게 다가왔다.

공식적으로 세계 최초의 라디오 방송이 시작된 것은 1920년 11월 미국에서다. 그 뒤 라디오방송은 기술 개발을 통해 급격히 세계 전역으로 퍼져 나갔다. 우리나라에서는 1927년 2월 16일에 방송이 시작되었다. 세계 최초 라디오방송 이후 우리나라에 라디오 방송국이 생기기까지 7년 정도밖에 걸리지 않은 것을 보면, 당시 라디오 열풍이 얼마나 거셌는지 짐작할 수 있다.

우리나라 최초의 방송국은 경성방송국이다. 호출부호는 JODK.

식민지 상황이었기 때문에 일본의 호출부호 JO로 시작해, 도쿄(JOAK) · 오사카(JOBK) · 나고야(JOCK)에 이어 네 번째로 개국했다는 뜻에서 JODK를 썼다. 건물은 정동 1번지에 있었다.

새로운 문명의 이기, 라디오

2008년에 개봉한 영화 〈라디오 데이즈〉(감독 하기호)는 우리나라 최초의 방송국인 경성방송국에서 벌어지는 여러 가지 근대적 풍경을 코믹하게 그려 냈다. 일제강점기라는 암울한 배경에 짓눌리지 않고 21세기의 재기 발랄한 시선으로 당시를 재현하면서도 독립운동과 민중의 고단한 삶 등을 놓치지 않으려고 애쓴다.

영화의 시대적 배경은 1930년대이다. 1927년에 일본어 방송으로 시작한 경성방송국이 1933년 4월 26일에 제1방송은 일본어, 제2방송은 우리말로 분리한 이후, 우리말 방송을 맡은 사람들을 그리고 있다.

우리말 방송 개시는 한반도의 라디오 보급률을 엄청나게 높였다. 경성방송국이 문을 연 1927년 전국에 등록된 라디오 수가 1440대였는데, 우리말 방송을 시작한 1933년에 2만 9320대로 늘었으며 1937년에는 10만 대가 되었다. 일제강점기 우리나라 사람들의 경제적 빈곤과 물가를 고려할 때 당시 라디오는 오늘날 최고급 사양의

▌ 1927년 정동 1번지에 세워진 경성방송국 건물은 지하 1층·지상 2층 규모에 옥상에는 방송용 첨탑도 갖춰. 당시 큰 건물이 별로 없던 경성에서 그 위용이 대단했다.

TV보다 비쌌다. 그런데도 아주 짧은 기간에 라디오 보급 대수가 어마어마하게 늘어난 것을 보면 라디오의 인기가 폭발적이었다고 할 수 있다.

초창기 라디오의 크기는 웬만한 가구와 맞먹었다. 당시에는 사람이 라디오 상자에 들어가 말을 한다고 생각하기도 했다는데, 그만큼 라디오의 크기도 컸고 부속품도 많았다. 당시 라디오는 수신기, 확성기, 광석검파기, 가변축전기, 진공관, 저항기 등 부속품이 열두 가지나 될 만큼 상당히 복잡한 현대 문명의 도구였다.

우리나라에서 라디오 시험 방송은 1924년 11월에 처음 했고, 공개 시험 방송은 그다음 달에 있었다. 라디오 소리를 처음 시험한 장

드라마 세트로 재현한 우미관. 1924년 12월, 종로에 있던 영화관 우미관에서 우리나라 최초의 라디오 공개 시험 방송을 했다.

소는 당시 종로에 있던 영화관 우미관이다. 새로운 문명의 이기인 라디오를 보고 그 소리를 듣기 위해 모여든 3000여 명이 영화관 앞에 인산인해를 이루어, 전차가 그 앞을 지나지 못했다고 한다. 이 첫 시험 방송의 앵커는 우리나라 민간 언론 최초의 여기자인 최은희(崔恩喜, 1904~1984)였다.

경성방송국이 있던 정동 1번지는 해발 84미터로 꽤 고지대에 속했다. 방송국은 대지 190평에 지하 1층·지상 2층 규모로 세워졌으며 옥상에 방송용 첨탑도 설치되어, 큰 건물이 별로 없던 경성에서 그 위용이 대단했다. 영화의 배경도 정동 1번지에 있던 방송국인데, 경성방송국 건물은 한국전쟁 때 폭파되어 지금은 없다.

1927년 개국 당시 라디오방송은 우리말과 일본어를 섞어 썼다. 처음에는 거의 일본어를 동시통역하는 수준이었다. 그런데 일본어를 이해하지 못하는 사람이 많고 한 채널에서 두 가지 언어를 쓰다 보니 골치 아픈 일이 많이 생겼다. 그래서 한 문장씩 통역하기도 하고, 정오에 두 나라 말의 순서를 바꾸기도 하고, 일본어와 우리말을 각각 짝숫날과 홀숫날에 쓰며 방송하기도 했다. 처음에는 라디오를 가진 사람 가운데 일본인이 많다는 이유로 일본어 방송을 70퍼센트 정도로 편성하다가 반발이 생기자 점차 우리말 방송을 늘렸다.

그러나 우리 땅에서 하는 방송에 일본어와 우리말이 섞여 나오자 방송은 원활하지 않았고 방송을 담당하는 사람들 사이에 갈등도 커졌다. 게다가 우리말 방송에 대한 요구도 점차 높아졌다. 결국 일본어와 우리말 채널을 나눠 각각 방송을 시작한 것이 1933년이다.

"뉴스를 말씀드리겠습니다. 오늘은 뉴스가 없습니다."

뉴스, 만담, 강연, 소설 낭독, 외국어 강좌, 국악, 기악 연주, 라디오 연극 등으로 구성된 초창기 라디오의 편성은 단순했다. 특히 뉴스는 기자가 따로 없었다. 일제가 파급력이 높은 라디오 방송국의 독자적인 취재를 막아 정보를 통제한 것이다. 라디오 뉴스는 총독부의 입 노릇을 해, 총독부가 전하는 것을 그대로 읽는 수준이었다. 그래서 내용은 대개 일제 선전이었고, 여차하면 아무것도 없을 때가 있었다. 정규 뉴스 시간인 오후 3시 30분과 7시에 뉴스를 시작하고도 내용이 없어서 "뉴스를 말씀드리겠습니다. 오늘은 뉴스가 없습니다."라고 하는 웃지 못할 상황도 종종 벌어졌다. 영화에서도 방송 전반을 맡고 있던 로이드 박(류승범 분)이 이와 비슷한 뉴스를 진행하는 장면이 나온다.

영화 초반에 수탉을 데려다 아침을 알리려고 애쓰는 장면이 나오는데, 이것도 실제로 있던 일이다. 1928년 정초에 꾀꼬리 소리를 내보낸다는 야심 찬 계획으로 동원한 꾀꼬리가 울지 않아 30분간 무음 방송을 했고, 1929년 정초에는 수탉을 데려다 오전 7시에 울게 하기도 했다.

당시 경성방송국에서 일하는 한국 사람은 많지 않았다. 방송 기술을 담당한 노창성(盧昌成, 1896~1955)은 총독부 체신국에서 일하며 경성방송국의 개국을 처음부터 준비했고, 그 밖의 한국인 직원은 아나운서 서너 명과 연출과 방송 기술을 맡은 사람 한둘 정도였다고 한다. 영화에서는 남자 아나운서 만철(오정세 분)만 등장하지만 경성방송국에는 한국인 여자 아나운서도 있었다. 경성방송국 최초의 아나운서로 김영팔(金永八, 1902~?), 이옥경(李玉慶, 1902~1982), 마현경(馬賢慶, 1906~?)이 활동했다.

김영팔은 아나운서뿐만 아니라 방송극 작가와 연출 등 1인 3역을 맡고 있었다. 그는 니혼대학 예술과를 중퇴한 뒤 우리나라에 돌아와 사회주의 계열 문예인 단체인 카프(KAPF)에 참가한 문인으로, 경성방송국 개국 때부터 참가했다. 1935년 무렵부터는 만주로 건너가 신경방송국에서 일했고, 해방 이후 북한으로 가 한국전쟁 즈음

▌영화 초반에 수탉을 데려다 아침을 알리려고 애쓰는 장면이 나오는데, 이는 실제로 있던 일이다.

사망했다고 한다. 이런 활동상을 보면, 그는 영화 속 실수투성이 아나운서 만철과 달리 사회의식이 강한 엘리트였다.

한편 최초의 여자 아나운서라고 할 수 있는 이옥경은 인천고등여학교를 나와 도쿄의 일본여자음악학교를 중퇴한 재원으로, 경성방송국에서 기술을 맡고 있던 남편 노창성의 권유로 아나운서가 되었다. 성악과 출신답게 목소리가 아름답고 일본 유학 경험으로 일본어에 능통해, 우리말과 일본어를 함께 쓰며 방송하던 초기에 활약하다가 1930년에 퇴사했다. 이옥경의 딸은 우리나라 패션 디자이너 1호인 노라노(노명자盧明子, 1928~)다.

마현경은 경성고등여자보통학교(지금의 경기여고)를 졸업하고 경성방송국이 개국할 때 공채로 입사했다. 당시 그녀를 취재한 신문 기사에 따르면, 그녀는 당당한 성격에 목소리가 아름다웠다.

영화에서는 아나운서 말고도 명월이란 기생이 프로그램에 고정 출연하는데, 실제로 기생들이 많이 출연해 주로 가야금병창 같은 전통 국악 연주에 나서거나 민요, 가곡 등을 불렀다. 생방송이다 보니 너무 긴장한 기생이 NG를 내고는 연출자에게 "선생님, 죄송해요." 하고 사과하는 소리가 그대로 방송에 나가 청취자들을 웃게 하는 일도 많았다고 한다. 반면에, 기방의 소규모 손님들 앞에서만 공연하던 기생이 라디오에 등장하면서 대중 스타로 발돋움하는 경우도 많았다. 음반 회사에서 이들을 전격 발탁해 녹음을 추진하기도 했고, 이렇게 만든 음반은 불티나게 팔려 나갔다.

한편 당시 방송 출연료가 후한 편이었다. 음악 프로그램에서 독창하면 5원 정도 받고, 인기 있는 명창이면 그 두 배를 받았다. 단체로 출연하면 15원 이상을 받았는데, 당시 쌀 한 가마니가 4~5원이고 좋은 회사의 직원 월급이 23원 정도였다고 하니, 그다지 박한 출연료는 아닌 셈이다.

축구·럭비·육상 같은 스포츠를 중계하는 방송이 있어서, 1930년에 야구 중계를 70회나 했다는 사실도 흥미롭다. 까닭은 알 수 없지만, 경성제국대학의 외과 수술 과정까지 생중계했다고 한다.

그렇다면 영화의 주인공 격인 로이드 박의 역할을 한 사람은 누구일까? 우리나라 최초의 방송 PD는 최승일(崔承一, 1901~?)이다.

그는 경성방송국에서 연출과 편성을 모두 맡았는데 영화 속 로이드 박과 비슷한 일을 한 셈이다. 1기 공채 아나운서였던 마현경이 최승일의 첫 부인이었고, 세계적 무용가였던 최승희(崔承喜, 1911~1969)가 그의 여동생이었다. 그는 배재고보를 나와 니혼대학 미학과에서 수학했으며 귀국 후에는 신극 운동에 앞장서고 소설도 쓴 엘리트였다. 아나운서 김영팔이 니혼대학을 중퇴했으니, 그가 경성방송국에 발탁된 것도 최승일과의 인연 때문이었을 가능성도 있다.

영화에서 로이드 박은 처음에 식민지의 나약한 지식인이다가 드라마를 만들면서 독립 의지를 되찾는 인물로 묘사된다. 그러나 실제 최승일은 애초에 나약한 식민지 지식인과는 거리가 먼 역동적 인물이었다. 그는 최승희에게 무용을 권하고 유학을 추진했을 정도로 새로운 문물과 가치관을 적극적으로 받아들이고 실천에 옮기는 사람이었다. 연극에 관심이 많던 그는 일본에서 유학하던 시절에 극예술연구회를 만들고, 고국에 와서는 순회공연도 했다. 이 시기 그의 인맥에 우리가 잘 아는 윤심덕(尹心悳, 1897~1926)과 김우진(金祐鎭, 1897~1926)● 등이 있다. 최승일은 유학 뒤에 고국에서 소설을 쓰며 카프 결성에도 적극적으로 참여했다.

최승일은 경성방송국에서 일할 때도 희곡을 열심히 쓰면서 연극활동을 멈추지 않았다. 신흥극장을 중심으로 신극 운동을 하면서 배우 석금성(石金星, 1907~1995)을 만나 두 번째 결혼도 했다. 그러나

● 윤심덕과 김우진: 윤심덕은 총독부 유학생으로 일본 도쿄의 우에노음악학교에서 성악을 전공했다. 귀국 후 경성사범부속학교 음악 교사로 있으면서 음악회에 출연해 성악가로서 자리를 굳혔다. 1925년에 극단 토월회에서 활동하다가 탈퇴하고, 방송 출연과 음반 녹음 등을 통해 대중적 인기를 끌었다. 그가 곡을 짓고 노래한 〈사死의 찬미〉가 유명하다. 1926년에 현해탄에서 연극 이론가이자 극작가인 애인 김우진과 투신자살했다.

일제의 광풍이 몰아치던 시기에는 친일 행위를 피하기 위해서였는지 거의 활동을 안 했다. 그러고는 1948년에 석금성은 남한에 둔 채 자식 넷을 모두 데리고 월북했다.

이런 월북 문인들은 남한에서 반공을 국시(國是)로 삼은 독재가 지속되던 1980년대까지는 이름도 거론할 수 없는 기피 대상으로 세상에 거의 알려지지 않았다. 최근에야 조금씩 그들의 활약상이 밝혀지면서 역사적 의미와 역할을 재평가받고 있어 다행이 아닐 수 없다.

라디오 드라마, 팬덤 문화의 시작

초창기 라디오 드라마는 지금과 같은 형식이 아니라 연극 대본을 읽는 식이었다. 다만, 사람들이 대본을 듣고 상상할 수 있도록 드라마를 시작하기 전에 줄거리와 등장인물, 주연배우, 무대장치 등을 설명했다. 그러다가 1933년 무렵부터는 효과음향이 들어가고 배역을 분리하며 진지하게 연기에 몰입하는 형태로 발전했다. 영화에서 독립운동가 K(이종혁 분)가 라디오에서 의문(擬聞)을 맡는 것으로 나오는데, 의문이 바로 효과음이다.

영화 속 라디오 드라마 〈사랑의 불꽃〉과 비슷한 형태로 여러 사람이 배역을 맡아 연기한 실제 초기 라디오 드라마 중 유명한 것은 〈노차부老車夫〉다. 이 작품은 작가 김희창(金熙昌, 1908~1974)이 만든 방송극 연구 모임 '라디오플레이미팅'의 회원들이 주축을 이루었으며 복혜숙(卜惠淑, 1904~1982), 김용규(金龍圭), 이운방(李雲芳, 1906~1957) 등 당시 연극 무대에서 이름 있는 배우들이 출연했다. 당시 라디오 드라마는 요즘 시청률 높은 TV 드라마 이상으로 인기가 대단해서, 라디오를 살 수 없는 사람들이 라디오를 틀어 주는 상점 앞에 인산인해를 이루고 경찰이 이를 단속하러 나올 정도였다고 한다. 영화에서처럼 사람들이 거리에 모여 드라마를 청취하는 장면이 실제로 벌어진 것이다.

드라마란 대중의 마음을 끌어야 한다. 그렇다 보니 1933년 10월 1일 자 『동아일보』의 인터뷰 기사에서 라디오 드라마 작가 이석훈(李錫壎, 1907~?)이, 대중에게 아부하기 위해 '에로와 그로(에로틱과 그로테스크)'를 섞어 넣어야만 한다고 한탄했다. 그가 영화 속 라디오 작가인 노 작가(김뢰하 분)인 셈이다. 실제 1930년대 라디오 드라마도 영화 속 〈사랑의 불꽃〉처럼 대중의 입맛에 맞춰 점점 '막장'으로 가는 일이 많았던 듯하다. 영화에서처럼 1930년대 대중은 라디오 드라마에 울고 웃으며 배우들의 팬이 되기도 하는 등 새로운 문화를 만들어 갔다. 요즘 말하는 '빠순이'처럼, 경성방송국 앞에는 배우를 만나기 위해 진을 치고 기다리는 팬들이 있었다고 한다.

라디오의 높은 인기 덕에 또 다른 방송국도 생겼다. 영화에서 독립운동을 도와 감옥으로 호송되던 로이드 박이 노 작가에게 부산에

┃ 〈라듸오 데이즈〉의 한 장면. 1930년대 대중은 라디오 드라마에 울고 웃으며 배우들의 팬이 되기도 하는 등 새로운 문화를 만들어 갔다.

도 방송국이 생겼다고 말하는데, 실제로 경성방송국의 인기에 힘입어 1935년 부산에도 방송국이 문을 열었다.

1930년대 라디오방송은 태생적으로 일제의 압박이라는 굴레를 썼지만, 우리나라 민중의 애환을 어느 정도 달래 주고 새로운 대중문화를 만들어 내기도 했다. 그러나 1930년대 후반에 일제가 중일전쟁에 나서면서 라디오방송의 문화적 기운은 점차 사라지고 철저히 군국주의를 선전하는 매체로 전락했다. 1933년에 우리나라 사람들의 열망으로 겨우겨우 만든 우리말 방송은 일제의 식민화 정책 강화와 함께 총독부의 시정을 알린다는 명목으로 낮 시간 방송을 다시 일본어로 한 데다 나날이 검열이 가혹해졌다. 1941년에 일어난 태평양전쟁 이후 해방 전까지 라디오방송은 문명의 이기가 아니라 노골적 황국신민화와 일제 선전의 수단일 뿐이었다.

1933년부터 1936년까지 우리나라 사람들의 힘으로 라디오 프로그램을 제작한 풍경을 다룬 〈라듸오 데이즈〉는, 식민지의 애환을 달래 주던 라디오의 빛나던 시절을 조명하면서 우리 역사에서 회색빛으로 칠해져 있던 수탈당하는 식민지 사람들의 모습에 숨결을 불어넣었다.

5

선망과 경멸의 대상이 된
1930년대 모던 문화

〈모던 보이〉

1930년대 일제 식민지 경성을 배경으로, 한 청년의 사랑과 운명을 건 위험천만한 추적을 그린 영화 〈모던 보이〉(2008년 개봉, 감독 정지우)는 '시대의 운명 앞에 과연 개인이 혼자서만 행복해질 수 있는가'라는 다소 무거운 주제 의식을 담고 있다. 주제에 비해 경쾌하고 빠른 전개의 중심에는 주인공 이해명(박해일 분)의 좌충우돌이 있다.

때는 바야흐로 중일전쟁*이 터진 1937년, 역사의 향방이 어떻게

● 중일전쟁: 1937년 7월 7일 베이징 외곽의 루거우차오(蘆溝橋)에서 일어난 사건을 계기로 시작되어 일본이 연합국에 항복한 1945년까지 이어진 중국과 일본 간 전면전이다. 루거우차오에 중국군이 주둔하던 중에 가까이 있던 일본군 병사 한 명이 야간 훈련을 하다 잠시 행방불명되는데, 이때 중국군의 총격을 받았다며 일본군이 주력부대를 출동시켜 전투를 일으켰다. 일본군의 공격에 주둔지를 옮긴 중국군이 양보하며 마무리될 것 같았지만, 일본이 이 일을 중국 침략의 발판으로 삼고 7월 28일에 베이징과 텐진을 총공격하기 시작했다.

▌영화 〈모던 보이〉. 독립운동가 조난실을 만난 모던 보이 이해명은 조난실에 대한 사랑으로 얼떨결에 독립운동에 가담한다.

될지 몰라 불안한 시절에 친일파인 아버지 덕에 조선총독부 건설과의 1급 서기관으로 있는 이해명은 스스로를 로맨티시스트라고 부르며 말초적 향락에 몸을 맡긴다. 얄밉도록 아무 생각이 없는 이 해맑은 젊은이가 한눈에 반한 여인이 있다. 바로 구락부(俱樂部: 클럽의 일본식 음역어), 즉 클럽의 댄서이자 양장점의 재봉사이며 일본 유명 여가수의 그림자 가수인 조난실(김혜수 분)이다. 사실 조난실의 정체는 무장 독립운동 지하 단체인 '사애단'의 수장이다. 여기서부터 모던 보이 이해명의 삶은 가짜 천진난만의 세계에서 벗어나 국가와 민족이라는 엄혹한 현실에 맞닥뜨리게 된다.

1930년대 최첨단 아이콘, 모던 보이

전편에 걸쳐 1930년대 최첨단 아이콘이던 모던 보이의 삶을 보여 주는 영화는, 식민지 현실과 동떨어진 서구적이고 사치스러운 이해명의 집에서 시작한다. 이 장면에서 이해명은 날아갈 듯한 양복에 먼지 하나 없는 백구두와 하얀 중절모 차림으로 거울 앞에 선 자기 모습을 점검한다. 이해명의 옷들은 오늘날 연예인의 패션 컬렉션이라고 할 만큼 화려하고 다양한데, 이는 1930년대에 잘나가던 모던 보이의 실제 모습이기도 하다.

당시 모던 보이들은 요즘 사람들 이상으로 유행에 민감했고 브랜드를 따졌다. 기성복이 흔치 않아 양복은 명치정(오늘날 명동)에서 맞춰 입었지만, 모자는 영국의 '뼈스토 키-톤'*이어야 한다든가 동그란 뿔테 안경은 '하롤드 로이드'*여야 한다는 식이었다.

그래서 1930년대에 새로운 문물과 최첨단 유행을 경박하게 맹목적으로 따르는 사람들을 비아냥거리며 모던 보이와 모던 걸이라는 말이 한 짝처럼 쓰였다.

● 뼈스토 키-톤: 버스터 키튼(Buster Keaton). 20세기 초반에 찰리 채플린(Charles Chaplin)과 쌍벽을 이룬 희극배우이자 영화감독. 그가 늘 쓰고 다닌 납작한 모자가 세계적으로 유행했다.

● 하롤드 로이드: 로이드 스펙터클즈(Lloyd spectacles)라고도 한다. 미국의 희극배우 해럴드 로이드(Harold Lloyd)가 애용한 데서 이름이 붙은 셀룰로이드제 테가 굵은 원형 안경이다.

모던 보이는 1930년대 유행어로 모던 걸과 한 짝을 이루어 주로 새로운 문물에 경박하게 동조하고 최첨단 유행을 맹목적으로 따르는 사람들을 비아냥거리는 말로 쓰였다.

모던 걸과 비슷한 말로 신여성이라는 단어가 있지만, 신여성이 좀 더 지사적이고 선구자적인 의미를 가졌다면, 모던 걸은 최첨단 향락을 따라 하는 부류로 치부되었다. 실제로 대개 카페 여급, 신문물을 받아들인 기생 등을 모던 걸이라고 불렀다. 영화 속 조난실은 처음에는 모던 걸로 보이지만, 알고 보니 신여성이었던 셈이다.

한편 모던 보이는 신문물을 맹목적으로 받아들인 인텔리 남성군으로 한복보다는 양복을 선호하고 모던 걸의 꽁무니를 쫓아다니는 일을 일상으로 삼은 사람들을 일컬었는데, 경제적 상황에 따라 두 부류로 나뉘었다.

식민지 한국은 일본의 자본주의를 위해 존재하는 착취 대상이었기 때문에 소비 수준에 비해 경제력이 형편없었다. 당연히, 대학을 나온 인텔리 남성들이 취직할 만한 자리도 거의 없었다. 여기서 모던 보이는 적극적 친일을 통해 돈과 알량한 지위를 확보한 층과 자존심 때문에 친일 행위는 못 해도 새로운 문물은 마냥 좋아하는 룸펜형으로 나뉜다. 이해명은 두말할 것 없이 친일파의 아들로 전자에 속한다. 그는 친일에 전혀 양심의 가책을 느끼지 않으며 친일을 한다는 자각조차 없다. 그가 총독부에서 일하는 것도 그래야 룸펜보다 폼이 나기 때문이다. 직업도 장신구 정도로 생각하는 그는 청

▌ 모던 보이와 모던 걸을 풍자한 1930년대 만화. 당시 유행어인 모던 보이는 모던 걸과 짝을 이루어, 주로 새로운 문물에 경박하게 동조하고 최첨단 유행을 맹목적으로 추구하는 사람들을 비아냥거리는 데 쓰였다.

량리 도시 개발 계획 정보를 스스럼없이 아버지에게 흘리고 그 대가로 돈을 뜯어낸다.

실제 일제강점기 총독부의 서기관은 어마어마한 자리로 한국 사람이 이 자리에 앉는 일은 드물었다. 물론 몇 명 있기는 했다. 한국인으로서 이 자리까지 오르려면 경성제국대학을 졸업하고 오늘날 고시에 해당하는 시험을 통과한 뒤 일제에 충성을 다해 복무하며 마흔 살 정도는 되어야 했다. 그런데 이해명은 20대인 데다 머리가 비상해 보이지 않고 출세에 목매지도 않으면서 총독부 서기관으로 설정되어 있다. 만일 그가 아버지의 배경으로 서기관이 되었다면,

그 아버지는 친일파 중 최고의 친일파로 도시 개발 정보쯤은 다 알만큼 높은 위치에 있어야 한다.

독립운동가이자 민족사학자인 박은식(朴殷植, 1859~1925)의 『한국독립운동지혈사韓國獨立運動之血史』에 따르면, 총독부에 조선인 임용 제한 불문율이 있었다. 조선인은 관리로 임용하지 말고, 부득이 채용해도 과학기술을 알 수 있는 부서와 중요한 직위에는 절대 배치하면 안 되고, 조선인 고등관의 봉급은 100원을 상한으로 하며 판임관은 봉급이 30원이 넘으면 퇴직시키고, 재판소 검사 자리에는 절대 조선인을 임용하면 안 된다는 것이다. 사정이 이러니, 아무리 머리가 좋고 일제에 온 힘을 다해 충성을 바쳐도 한국인이 총독부에서 살아남기가 녹록한 일은 아니었다. 그런데 이해명은 총독부 서기관이라는 고위직을 나른하게 취미로 차지하고 있다. 사실 그만큼 아무 생각 없이 친일했다는 것을 강조하려는 설정이겠지만, 무리한 감이 없지 않다.

이런 이해명이 얼떨결에 독립운동에 가담하고 결국 진정한 독립운동가로 거듭나는 것은 다름 아닌 조난실에 대한 사랑 때문이다.

서울에 댄스홀을 허하라

영화 속 조난실은 모던 걸로서 못하는 게 없다. 춤이면 춤, 노래면 노래, 양복 만드는 솜씨까지 초일류인 데다가 독립운동 조직을 이끄는 카리스마까지 갖추었다.

영화에서 이해명과 조난실이 댄스홀에서 처음 만나는데, 1937년까지 우리나라에는 합법적인 댄스홀이 없었다. 그래서 영화에서도 '비밀 댄스홀'로 설정되었다. 1937년 1월 잡지 『삼천리』에는 경무국장에게 서울에 댄스홀을 허가해 달라는 청원의 글이 실리기도 했다. 이 청원서를 낸 사람은 음반 회사 문예부장 이서구(李瑞求, 1899~1981), 연극배우이자 유명 다방 '비너스'의 마담이던 복혜숙과 카페 여급, 영화배우, 기생 등이다. 그야말로 모던 보이와 모던 걸을 대표하는 인물들이 댄스홀에 대한 열망을 숨김없이 표출한 것이다.

당시 서울은 우리나라 전통이 남아 있는 북촌과 일본이 침략과 함께 새롭게 개발하기 시작한 남촌이 청계천을 사이에 두고 나뉘어 있었다. 북촌의 소비 중심지인 종로는 조선의 대표적인 저잣거리였고 우리나라 사람들이 상권을 차지하고 있었다. 당시 종로는 조선의 전통을 이어 가면서도 반쯤은 신문물을 흡수해 다소 일그러진 모습이었다. 승강기가 있는 큰 건물인 화신백화점이 1930년대에 생기지만, 다른 건물은 대개 전통 양식의 작은 가게였다. 이에 비해 남촌에는 일본인 거주지가 자리 잡고, 일본 상품이나 일본을 통해 들어온 새로운 문물이 포진해 있었다. 남촌은 명치정과 본정통(지금의 충무로) 등 남산 기슭의 일본인 상가를 중심으로 형성되었다. 미쓰코시나 조지야 같은 일본의 큰 백화점이 생기고 근대적 건물의 쇼윈도를 근대적 물건이 장식했다. 영화에서 친일파 이해명이 양복을 맞추고 쇼핑하는 장소가 바로 이 남촌 지역이다.

남촌과 북촌은 유흥가의 성격도 달랐다. 북촌의 유흥가는 전통적인 요릿집이나 선술집 등이 포진한 데 비해 남촌에는 카페가 즐비했다. 카페는 모던 걸이나 모던 보이에게 근대적 휴식 장소로 다가왔다. 영락정(지금의 저동), 명치정, 용산, 본정통, 남대문통, 장충단 아래쪽 등 남산 기슭을 중심으로 골목골목마다 휘황찬란한 네온등 밑에서 양장을 한 '웨이츄레스(웨이트리스)'가 술을 나르는 카페가 번창했다. '웨이츄레스'도 순이나 명월이가 아니라, 낸시나 안나 같은 서양 이름을 썼다. 조난실도 댄스홀에서 춤출 때는 자기 이름을 로라라고 했다. 이해명이 친구 신스케(김남길 분)와 술을 마시고 조난실에게 반한 비밀 댄스홀이 만약 서울에 있었다면, 바로 이 남촌에 있었을 것이다.

남촌에서 노는 모던 보이와 모던 걸을 '혼부라'라고 했다. 혼부라는 일본에서 도쿄의 긴자 거리를 일없이 떠도는 젊은 남녀를 가리킨 '긴부라'에서 온 말이다. 일본어 '부라부라(ぶらぶら)'는 빈둥거리거나 어슬렁거리는 모양을 나타낸다. 따라서 혼부라는 남촌의 본정(本町), 일본어로 '혼마치'를 돌아다니는 모던 보이와 모던 걸을 비꼰 말이다. 이들은 혼마치를 돌아다닐 때면 으레 일본어를 썼다. 영화에서 이해명과 신스케가 한국어와 일본어를 섞어 쓰는 대화하

▌ 1930년대 본정통(지금의 충무로). 일본인 거주 지역인 남촌은 본정통, 명치정(지금의 명동) 등 남산 기슭의 일본인 상가를 중심으로 형성되었다.

는 모습이 당시 남촌에서는 그리 낯설지 않았던 것이다. 소위 '모던한' 남촌은 식민지 한국 사람들에게는 선망의 대상이자 경멸의 대상이었다.

북촌에도 모던한 남촌에 대항하는 유흥 문화가 있었다. 피맛골 인근에 밀집한 카페, 인사동에 자리 잡은 복혜숙의 다방 '비너스', 시인 이상(李箱, 1910~1937)의 연인이던 기생 금홍이 청진동 입구에 개업한 '제비'가 대표적인 장소였다.

합법적인 댄스홀은 없어도 당시 카페들이 흥에 겨우면 댄스홀로 급변하기도 했다. 우리나라에서는 1920년대 말 유성기 음반과 라디오가 보급되면서 댄스 열풍이 불기 시작했다. 당시 모던 걸과 모던 보이의 필수 조건은 댄스와 재즈, 스피드와 스포츠였다. 영화에서 이해명이 카페 여급을 여러 명 거느리고 자동차를 빨리 모는 모습은 스피드, 신스케와 테니스를 우아하게 치는 모습은 스포츠라는 조건에 해당한다. 그러나 뭐니 뭐니 해도 모던 보이와 모던 걸에게 없으면 안 되는 것은 바로 재즈에 맞춰 추는 댄스였다.

재즈에 열광한 모던 걸과 모던 보이

1910년대 중반부터 북촌에는 단성사·조선극장·우미관 등 우리나라 사람이 경영하는 극장이 생기고, 남촌에는 황금좌·희락관

| 1930년대 미국에서 상업적으로 가장 성공한 스윙 재즈가 경성에도 들어왔다. 사람들은 스윙 재즈에 열광하며 영화 속 주인공들처럼 그에 맞춰 춤을 추었다.

·대정관 등 일본인이 경영하는 극장이 생겼다. 이런 영화관에서 할리우드 영화를 상영하기 시작한 것도 댄스 열풍이 부는 데 영향을 주었다.

1930년대 미국에서는 할리우드 유성영화와 결합한 스윙 재즈가 대중적 인기몰이를 하고 있었다. 같은 시기에 우리나라에도 스윙 재즈가 영화와 함께 들어왔다. 사람들은 스윙 재즈에 열광하며 영화 속 주인공들처럼 그에 맞춰 춤을 추었다. 주로 '촬스톤(찰스턴. 1920년대에 유행한 스피드 재즈의 변형 리듬 또는 그 리듬에 맞춰 추는 춤)'이라는 사교춤을 추었는데, 이 춤을 잘 춘다는 것은 매력 지수가 높다는 뜻이었다. 당시 문인이나 지식인 들이 사교춤 열풍을 '에로(에로틱)' 하다느니 '그로(그로테스크)' 하다느니 못마땅하게 표현했지만, 그들도 사실은 사람들 사이에서 열심히 찰스턴을 추며 모던 걸의 환심을 사기 위해 한 번쯤 노력해 본 모던 보이들이었다.

조난실도 재즈에 맞춰 춤을 추고 재즈곡을 노래한다. 조난실이 영화 첫머리에 부르는 일본 노래는 일본 음악가의 재즈곡 〈색채의 블루스〉고, 영화 끄트머리에 이해명과 조난실 사랑의 주제곡이 되는 노래는 김소월(金素月, 1902~1934)이 1922년에 발표한 시 「개여울」에 이희목(李熙穆, 1938~)이 곡을 붙여 1966년에 발표한 것을 일어로 옮겼다. 1970년대 가수 정미조가 이 노래 〈개여울〉을 불러 인기를 끌기도 했다. 영화에서는 조난실이 그림자 가수로 부른 일본어곡 음반을 이해명이 틀어 놓고 따라 부르자, 조난실이 한국어로 노랫말을 속삭이면서 사랑을 확인하는 애틋한 장면에 쓰였다. 노랫말은 이렇다.

당신은 무슨 일로 그리합니까
홀로히 개여울에 주저앉아서
파릇한 풀포기가 돋아 나오고
잔물이 봄바람에 헤적일 때에
가도 아주 가지는 않노라시던
그런 약속이 있었겠지요

▌영화는 조난실과 나눈 사랑을 통해 개인의 삶과 시대가 무관하지 않다는 것을 깨달은 이해명이 만주로 가서 무장 독립운동에 뛰어드는 것으로 끝난다.

날마다 개여울에 나와 앉아서

하염없이 무엇을 생각합니다

가도 아주 가지는 않노라심은

굳이 잊지 말라는 부탁인지요

노래는 식민지 시대 두 사람의 비극적 사랑을 암시하듯 쓸쓸한데, 1960년대 지어진 노래가 1930년대 풍경을 정교하게 복원해 낸 영화의 장면과 어울려 매우 짙은 감동을 준다.

영화는 조난실과 나눈 사랑을 통해 개인의 삶과 시대가 무관하지 않다는 것을 깨달은 이해명이 만주로 가서 무장 독립운동에 뛰어드는 것으로 끝난다. 모던 보이 시절에 곱슬하고 풍성하던 머리를 짧게 자르고 추운 겨울날 차가운 총을 쥐며 손에 입김을 호호 부는 독립운동가 이해명의 처연한 눈빛은, 일제강점기를 살던 젊은이들의 혼재된 가치관과 시대적 고통을 절실히 느끼게 한다.

6

알려 줘야지,
우린 계속 싸우고 있다고

〈암살〉

최근 한국 영화계에 근현대사를 다룬 역사 영화가 많이 제작되고 있다. 이전에는 대개 사료가 풍부하고 역사적 평가로부터 비교적 자유로운 조선 시대를 배경으로 한 역사 영화가 주류를 이루었지만, 2015년 이후 몇 년 새 20세기 역사를 다룬 영화가 부쩍 늘었다. 현재 사회문제의 원인과 진행 과정을 지난 세기의 역사를 통해 되짚어 보려는 관객의 요구가 많아졌고, 영화계가 이에 부응했기 때문이다.

근현대를 배경으로 한 영화 제작의 물꼬를 튼 작품은 〈암살〉(2015년 개봉, 감독 최동훈)이다. 영화 〈암살〉은 개봉 당시 관객 1270만 명을 동원하며 흥행에 성공했을 뿐 아니라 일제강점기를 다룬 2000년대 초반 영화와 확연히 다른 주제와 내용을 담았다는 데서 의미가 있다.

2000년대 초반에 개봉한 일제강점기 배경 영화들은 대개 1930년대, 이른바 '모던 시대'라는 흐름을 주요 소재로 쓰면서 독립운동 이야기를 슬쩍 끼워 넣는 식이었다. 이 영화들은 일제강점기를 다소 애상에 젖은 역사관으로 바라보는 경향이 짙었다. 2000년에 개봉한 〈아나키스트〉와 2008년에 개봉한 〈라디오 데이즈〉, 〈모던 보이〉 등은 1920~1930년대의 '모던'은 주요하게 이야기하면서 독립운동은 전면적으로 다루지 않고 끝부분에 잠깐 보인다. 2000년대 초반 사회 분위기는 애국심이나 국가에 대해 말하는 것을 어쩐지 수줍어하는 경향이 있었다. 그래서 일제강점기의 주적인 친일파나 일제의 폭압도 피상적으로 그린 경우가 많다.

   이에 비해 〈암살〉은 '모던'이라는 시대 배경은 가져오되 이에 대한 비판을 잊지 않았으며 독립운동을 본격적으로 다루면서도 대중성을 놓치지 않는다. 게다가 애국심을 다루면 '국뽕(국가와 마약의 속칭인 히로뽕을 합해 만든 말로, 국수주의나 민족주의에 빠져 관객의 감정에 호소하는 영화가 해당한다)'이라는 인식을 바꾼 공도 크다. 〈암살〉은 액션이라는 흥행 영화의 외투를 입고 있지만, 한반도를 점령하고 세계대전을 일으키려 한 일제의 무도(無道)를 정면으로 보여 주고 역사에서 잊혀 가던 무장 독립운동가들의 이름을 불러 그 삶을 재조명한다. 〈암살〉이 성공한 뒤로, 오랫동안 제대로 다루지 않던 독립운동가의 면면을 재조명하거나 일제의 폭압을 직접적으로 비판하는 영화가 많이 제작되고 흥행에도 성공했다.

1930년대 항일 무장 독립운동가들의 부활

친일파를 암살하기 위해 만주에서 경성으로 오는 주인공 안옥윤 (전지현 분)은 1930년대 여성 무장 독립운동가들의 생애와 활동을 재구성해 만든 인물이다. 이 또한 독립운동에 대한 새로운 발굴이자 소개라고 볼 수 있다. 독립운동가라고 하면 흔히 남성을 떠올리고 여성은 보조적인 역할로 제한하는 선입견을 깨고, 실제 여성 독립운동가들의 면면을 조합해 영화의 주인공으로 내세운 것은 탁월한 역사의식의 발로로 보인다.

안윤옥은 여성 독립운동가 중에서도 남자현(南慈賢, 1872~1933)을 떠올리게 한다. 안옥윤과 나이 차가 크지만, 남자현은 서간도 지역의 무장 독립운동 단체인 서로군정서에서 활약했다. 1925년에 만주에서 국내로 잠입, 비록 실패로 끝났지만 조선총독부 총독 사이토 마코토 암살을 계획했고, 1933년에는 만주국의 군권을 장악하고 있던 일본 관동군 장군 무토 노부요시(武藤信義, 1868~1933)를 살해하려고 폭탄과 무기를 가져가다 체포되어 옥고를 치르고 순국했다.

나라를 되찾기 위해 동분서주한 여성 독립운동가는 남자현 외에도 많다. 우리나라 최초의 여성 비행사로 독립운동에 매진한 권기옥(權基玉, 1901~1988), 항일 학생운동과 여성운동으로 옥살이를 거듭하다 만주로 망명한 뒤 의열단에서 활동하며 김원봉과 결혼하고 조선의용대 부녀복무단장으로서 무장 독립운동의 최전선에 선 박

▌〈암살〉의 주인공 안윤옥과 가장 닮은 여성 독립운동가 남자현.

차정(朴次貞, 1910~1944), 평안도 안주에서 일본인 경찰을 사살하고 평남도청에 폭탄을 던진 안경신(安敬信, 1888~?) 등 이름이 조금이나마 알려진 이가 있지만 역사에 묻힌 채 드러나지 못한 이도 많다.

영화는 주인공 안옥윤을 비롯해 잘 알려져 있지 않던 독립운동가들의 모습을 유쾌하게 소개한다. 안옥윤을 돕는 속사포(조진웅 분)가 신흥무관학교의 마지막 졸업생으로 소개되는데, 신흥무관학교는 항일독립운동을 위해 서간도 지역에 설립된 독립군 양성 학교였다. 교육 목표는 독립군을 이끌 고급 지휘관을 양성하는 것이었다. 1919년 3·1운동 뒤에 세워진 이 학교의 뿌리는 대한제국 말기의 비밀 결사체 신민회에 있다. 국운이 다해 가던 1909년에 신민회는 독립운동 기지를 세우기 위해 이동녕(李東寧, 1869~1940), 이회영(李會榮, 1867~1932) 등을 만주에 파견한다. 이들이 1911년 만주에 한인

▎독립운동가 김경천. 〈암살〉에서 속사포(조진
웅 분)가 졸업 때 썼다고 소개되는 시 「낙엽이
지기 전에 무기를 준비해 압록강을 건너고 싶
다」는 신흥무관학교 교관을 지낸 김경천의 일
기 「경천아일록」에 나오는 구절이다.

자치기관인 '경학사'를 세운 데 이어, 민족 교육과 군사훈련을 하는
신흥강습소를 세웠다. 신흥강습소가 바로 신흥무관학교의 전신이
다. 3·1운동 이후 많은 청년들이 조국 독립이라는 뜻을 품고 몰려
들면서 신흥강습소가 신흥무관학교로 발전했다.

대한제국 말기, 국가의 지원으로 일본 육군사관학교를 졸업한
지청천(池靑天, 1888~1957)과 김경천(金擎天, 1888~1942) 등이 신흥무
관학교의 교관으로 참여했다. 이들은 일본군 장교로 영달할 수 있
었지만 그런 오욕의 삶을 선택하지 않고 미래를 기약할 수 없는 독
립운동의 풍찬노숙에 기꺼이 뛰어들었다. 신흥무관학교는 일제의

탄압과 일련의 사건 등으로 1920년에 문을 닫지만 짧은 기간 동안 독립군을 2100여 명이나 배출했다.

신흥무관학교의 졸업생들은 홍범도(洪範圖, 1868~1943)의 봉오동 전투와 김좌진(金佐鎭, 1889~1930)의 청산리 전투를 승리로 이끄는 데 일익을 담당하고 우리나라 무장 독립운동의 역사에서 크게 활약했다. 1940년에 조직된 광복군에서도 신흥무관학교 졸업생들의 존재감이 컸다. 영화에서 속사포가 졸업 때 썼다고 소개되는 시 「낙엽이 지기 전에 무기를 준비해 압록강을 건너고 싶다」는 신흥무관학교 교관 김경천의 일기 『경천아일록擎天兒日錄』에 있는 구절이다.

영화에서 안옥윤이 소속된 '이청천 한국독립군'도 신흥무관학교 교관이었던 지청천이 1930년에 만든 실제 무장 항일 단체다. 당시 지청천이 일제의 검거를 피하기 위해 이청천이라는 이름을 썼다.

헝가리인 마자르에게 폭탄 제조술을 배웠다는 황덕삼 또한 독립운동가들이 실제로 헝가리인을 통해 폭탄 제조술을 배우고 체코 군단의 무기를 사들인 것을 참고해 만든 인물이다. 1차세계대전 전후의 혼란 속에 합스부르크 왕가의 지배를 받던 헝가리나 체코 등의 혁명가, 독립운동가 또는 군인들이 중국이나 러시아 등지에서 우리나라 독립운동가와 만났다. 이들은 제국주의에 맞선다는 대의하에 동지로서 교류하고 의기투합하면서 서로 영향을 주고받았다.

▎〈암살〉에서 속사포(조진웅 분), 안윤옥(전지현 분), 황덕삼(최덕문 분).

화려한 소비도시 경성, 그 이면의 결핍

〈암살〉은 1930년대 경성의 모습을 충실히 재현한다. 암살단의
목표가 되는 극렬 친일파 강인국(이경영 분)의 집이 나오는 장면은 친
일파 한상룡(韓相龍, 1880~1947)이 지은 집에서 촬영했다. 영화 속 강
인국보다 더 심하게 친일한 한상룡은 나라를 배신하고 동족을 팔아
먹은 대가로 호의호식했다. 1913년에 그가 북촌이 한눈에 내려다보
이는 언덕 위 2460제곱미터(약 740평)에 이르는 땅에 압록강 흑송으
로 전통 방식과 일본 양식을 접목한 집을 지었다. 영화에서처럼 그
는 이 집을 친일 악행의 산실로 삼고 총독을 비롯한 일제 고위 관료

를 초대해 연회를 열었다. 미국 재력가인 록펠러 2세(J. D. Rockefeller Jr.)도 이곳에서 열린 연회에 참석했다고 한다.

현재 이 집은 '백인제 가옥'으로 불리는데, 백병원을 창립한 백인제(白麟濟, 1898~?)가 이 집을 1944년에 사들인 뒤 2009년까지 그의 집안에서 보전했기 때문이다. 3·1운동에 참여해 옥고를 치르기도 한 그는 우리나라에서 처음으로 신장 적출 수술에 성공해 외과의로 명성이 높았고, 해방 뒤 백병원을 설립하고 후학 양성에 힘썼다. '백인제 가옥'은 최근 서울시가 역사가옥박물관으로 재정비해 일반에 공개하고 있다.

한편 〈암살〉에서 안옥윤이 쌍둥이 언니 미츠코와 재회한 남대문 인근의 백화점은 1930년 경성에 세워진 일본 미쓰코시 백화점의 경성점인데, 이 건물은 지금까지도 백화점으로 이용되고 있다.

일제강점기 경성은 청계천을 기준으로 한국인이 사는 북쪽(북촌)과 일본인이 신시가지를 형성하고 사는 남쪽(남촌)이 나뉘어 있었다. 지금의 충무로, 명동에 해당하는 남촌은 일본이 정책적으로 개발한 만큼 일본식 가옥과 백화점 같은 근대 건물이 세워지고, 일본을 통해 들어온 새로운 문물이 포진해 있었다. 영화 속 안옥윤의 언니 미츠코가 옷을 맞추고 쇼핑하는 장소가 바로 이 지역이다.

당시 남촌에는 근대적 휴식 장소로 유행하기 시작한 카페도 많았다. 영화에서 카페를 운영하며 비밀리에 독립운동을 하는 '아네모네'의 마담(김해숙 분)은 주요섭(朱耀燮, 1902~1972)의 단편소설 「아

| 〈암살〉에서 암살단의 표적인 친일파 강인국의 집이 나오는 장면은 실제 친일파 한상룡이 지은 집에서 촬영했다. 현재 '백인제 가옥'으로 불리는 이 집은 서울시 민속문화재 22호다. 사진은 사랑채. 출처: 문화재청 국가문화유산포털

네모네의 마담」(1936)에서 따온 것으로 보인다.

당시 경성은 출구 없는 소비도시였다. 1930년대는 일제가 중국 대륙 진출이라는 무리수를 두면서 우리나라를 병참기지로 만들어 가고 있었다. 거기에 미국에서 시작된 공황이 세계경제를 잠식해 식민지 조선의 상황은 더욱 나빠졌다. 나라 밖에서는 연일 전쟁이 터지고 국내에서는 군수물자를 마련하려는 일제의 가혹한 착취가 심해지던 시기인 만큼 분위기가 암담할 수밖에 없었다. 이 와중에 일제는 경성을 소비도시로만 키울 뿐 식민지 조선의 자생력을 키울 수 있는 그 어떤 것도 계획하지 않았다. 그래서 화려한 소비도시 경

| 일제강점기 미쓰코시백화점 경성점(왼쪽). 출처: 『사진으로 본 서울 2』

성은 이면에서 보면 결핍의 도시였다. 식민지에 왜곡되게 이식된 자본주의는 대다수의 한국인을 가난으로 내몰았다. 경성은 한국인의 희생 위에 친일을 선택한 자와 일본인 들만이 그 세련됨을 만끽할 수 있는 도시였던 셈이다.

〈암살〉에서 롤스로이스가 돌아다니는 거리에 헐벗은 한국인의 모습이 겹쳐지고, 칼을 찬 일본군이 자기 나라에서보다 더 주인같이 시가지 곳곳을 활보하는 가운데 그들을 환영하기 위해 동원된 어린 한국 여학생들의 모습이 오버랩된다. 번쩍거리는 소비도시 경성과 그 그늘에 존재하던 한국인의 모습이 교차되면서 숨 막혔던 식민지 현실을 재현해 낸 것이다. 영화는 사이렌이 울리면 일장기에 경례하는 치욕의 경성 풍경 위로 왜 주인공들이 친일파를 암살하려고 고군분투하는지, 안옥윤의 대사처럼 왜 '계속 싸우는지 알

려 줘야 하는지'를 깨닫게 한다. 그리고 아직까지 끝나지 않은 친일
파 청산의 이유도 일깨워 준다.

친일파와 해방 후 반민특위의 실패

〈암살〉에는 독립군으로 암약하는 일제의 스파이, 염석진(이정재
분)이 등장한다. 이 인물이 영화 전반부에는 독립운동계에 실제로
존재한 수많은 밀정의 특징을 모아 보여 주고, 영화 말미에는 우리
나라 독립운동가들을 잡아들이는 데 앞장선 친일파 경찰의 성격을
드러낸다. 실제로 1920~1930년대 독립운동가들 사이에는 일제가
심어 놓은 밀정이 많았다고 한다. 당시 독립운동가에 대한 일제의
조사 보고서를 보면, 독립운동가들이 아주 은밀히 진행한 일을 일
경이 알고 있던 경우가 허다하다. 밀정이 없다면 있을 수 없는 일이
다. 밀정이 독립운동가들의 활동을 몰래 채집해 일경에 알린 것이
가장 컸지만, 때로는 독립운동가들이 서로 밀정으로 의심하며 사이
가 틀어지는 것도 큰 문제였다. 활동 범위나 노선이 다른 독립운동
가들이 통합하지 못하고 서로를 의심하며 분열한 데는 일제가 거미
줄 치듯 곳곳에 심어 놓은 밀정 탓이 컸다. 염석진 같은 밀정이 없
었다고 말할 수 없는 이유가 그것이다.
　염석진은 안옥윤 암살 사건 뒤에 정체를 드러내고 일제의 경찰

이 되어 독립운동가들을 잡아들이는 데 앞장선다. 그가 해방 후에
도 버젓이 권력을 누리는 장면에서 탄식이 터지는데, 그와 같은 인
물은 실제로도 많았다. 그중 일제의 앞잡이 경찰 노덕술이 대표적
이다. 해방 전 악명 높은 고문 경찰이던 노덕술은 해방 후 전혀 단
죄를 받지 않고 오히려 경찰 자리를 그대로 유지했다. 다만, 그가
잡아들이는 대상이 독립운동가에서 '빨갱이'로 바뀌었을 뿐이다.
해방 이후 들어온 미군은 혼란을 빨리 수습하기에 편하다는 이유로
일제의 통치 시스템을 유지하려 했고 일제강점기에 공직에 앉아 반
민족 행위를 일삼던 친일파를 그대로 썼다. 게다가 당시 미국과 소
련의 냉전이 시작된 만큼 미군정은 38선 남쪽의 공산주의자를 용납
하지 않았다. 그 덕에 친일파는 친미파로 변신하고 미군이 싫어하
는 공산주의자, 즉 빨갱이를 색출한다는 미명하에 자기 과거를 아
는 사람이나 마음에 들지 않는 사람을 핍박하기 시작했다.

영화에서 암살 사건을 기획한 독립운동가 김원봉(조승우 분)은 일
제강점기에 의열단을 조직해 무장 독립운동을 이끌면서도 일경에
체포되지 않았다. 그랬던 그가 해방된 나라에 돌아와 빨갱이라는
누명을 뒤집어쓰고 노덕술에게 체포되어 고문당하는, 말도 안 되는
일도 벌어졌다.

1948년 8월 15일에 대한민국 정부가 수립된 뒤, '반민족 행위
처벌법(반민법)'을 만들고 반민특위를 구성해 친일파 처벌을 시도하
기는 했다. 영화에서도 반민특위가 친일파 처벌을 위해 진행한 재

판에 늙은 염석진이 불려나간다.

그러나 염석진이 별 단죄 없이 풀려난 데서 알 수 있듯, 친일파들의 거센 저항에 부딪힌 반민특위의 활동은 순탄치 않았다. 노덕술을 비롯한 친일파 경찰들이 반민특위 위원의 암살을 시도하고 반민특위 사무실을 습격하기도 했다. 게다가 이승만 정부에서 요직을 차지한 친일파가 반민특위 활동을 본격적으로 방해했다. 친일을 한 경찰은 반공을 내세우며 보호하고, 반민족행위처벌법(반민법) 제정에 적극인 국회의원은 북한 간첩으로 몰아 탄압했다. 결국 반민특위는 구성된 지 1년도 못 되어 해산되고 말았다. 친일파 대부분이 처벌받기는커녕 반민특위의 실패 이후 더 승승장구했다. 사실상 우리 역사에서 친일파를 제대로 처벌한 일이 전혀 없는 것이다.

영화에서 안옥윤이 염석진의 석방을 예견하고 그를 직접 사살하는 장면에 판타지 요소가 상당하다. 아마 친일파를 단죄할 합법적

방법이 딱히 없던 현실을 고려한 설정이 아닌가 한다. 염석진 암살은 우리 현대사의 답답한 실상을 영화적 상상력으로 시원하게 해소한 '사이다' 장면이다.

화려한 액션과 감동적인 대사의 향연으로 완성도를 높인 〈암살〉은 20세기 초·중반 우리의 암울하고 서글픈 모습을 제대로 표현해 더욱 의미심장하다.

7

식민지 시절의 질병과 치료

〈기담〉

2007년 여름에 개봉한 영화 〈기담〉(감독 정식, 정범식)은 삶과 죽음이 마주 보고 있어서 그 경계가 모호한 병원이라는 공간에서 일어난 기이한 이야기를 차분하고 세련되게 그려 낸 공포물이다.

영화는 시대 배경을 1942년으로 설정하며 현대 병원과 달리 고풍스럽고 이국적인 당시 병원의 분위기로 스산한 느낌을 잘 살리고 있다. 이야기는 1979년에 의대 노교수인 정남(진구 분)이 젊은 시절 수련의를 했던 안생병원이 헐린다는 소식을 접하면서 시작된다. 일제의 폭압이 극으로 치닫던 1942년에 마치 태풍의 눈처럼 고요했다는 안생병원 수련의 시절 나흘에 대한 회고가 주요 내용이다.

우리나라 서양식 병원의 시작

영화의 배경인 안생병원은, 당시 최고의 서양식 병원이라는 설정을 보면 서울대학교병원의 전신인 경성제국대학 부속병원과 세브란스병원의 이미지를 혼합해 만든 가상의 병원인 듯하다. 현재 문화재로 지정된 경성제국대학 부속병원 건물은 서울 종로구 연건동 서울대학교병원 구내에 있지만, 1904년 무렵 서울역 앞에 지어진 세브란스병원 건물은 현대로 넘어오면서 헐렸다. 안생병원 의사 인영(김보경 분)이 수련의 정남을 비롯한 의대생들에게 강의하고 "14, 15기 후배들이 만만찮다." 한 것을 보면, 경성제국대학 부속병원이 좀 더 가까운 모델인 듯하다. 경성제국대학의 의학부가 1926년에 만들어져, 영화의 배경인 1942년이면 10기 이상 졸업생이 있을 테니 말이다. 1908년부터 의사를 배출한 세브란스의학교라면 이미 30기 졸업생이 있을 만한 때다. 경성제국대학 의학부 학생은 70퍼센트가 일본인이었다. 사실 한국인보다는 한국에 거주하는 일본인을 위한 의학 교육기관이었다고 보는 편이 맞다.

우리나라 최초의 서양식 국립 병원은 갑신정변(甲申政變: 1884년에 김옥균·박영효·서광범·홍영식·서재필 등을 비롯한 급진 개화파가 개화사상을 바탕으로 조선의 자주독립과 근대화를 목표로 일으킨 정변) 때 상처 입은 민영익(閔泳翊, 1860~1914)을 미국인 의사 알렌(H. N. Allen)이 치료한 것이 계기가 되어 1885년에 설립한 광혜원(廣惠院)이다. 광혜원은 곧 제

▌ 영화 〈기담〉의 배경이 된 안생병원은
서울대학교병원의 전신인 경성제국대학
부속병원과 세브란스병원의 이미지를 혼
합해 만든 가상의 병원인 듯하다.

중원(濟衆院)으로 이름을 바꾸는데, 갑신정변을 주도한 홍영식(洪英
植, 1855~1884)의 한옥에서 문을 열었다. 갑신정변이 실패로 끝나면
서 역적이 된 홍영식의 집이 국가에 몰수되었기 때문이다. 이 병원
자리에 현재 헌법재판소가 있다.

제중원은 1886년에 구리개〔銅峴, 현재 을지로입구역 근처에서 명동성당
에 이르는 언덕〕로 이전하고 규모를 늘렸다. 당시 구리개에는 청의 군
대가 있었다. 훈련 중에 다친 군인들을 빨리 치료할 병원이 필요했

던 청에서 병원 이전에 영향력을 행사했을지도 모른다는 설이 있다. 구리개 제중원은 한때 번창하는 듯하다가 곧 경영난에 빠졌는데, 이를 타개한 사람이 의료 선교사 에비슨(O. R. Avison)이다.

에비슨은 한국인이 한국인을 치료한다는 것을 목표로 제중원에 의학교를 만들었다. 세브란스의학교의 전신이다. 이 학교는 1908년 6월에 졸업생 일곱 명을 배출했다. 이보다 앞서 1904년에는 이름을 세브란스의학교로 바꿨다. 에비슨이 더 나은 시설을 갖춘 병원을 세우기 위해 미국에서 만난 세브란스(L. H. Severance)에게 거금 4만 5000달러를 기부받고, 이를 기려 병원 이름으로 지었다. 세브란스병원은 남대문 밖 복숭아골(현재 서울역 맞은편 세브란스빌딩 자리)에 세워졌다.

세브란스의학교의 1회 졸업생은 김필순, 김희영, 박서양, 심창희, 주현칙, 홍성후, 홍종은이다. 이들이 바로 우리나라 최초로 서양 의술을 익혀 우리나라에서 의사 면허를 딴 사람들이다.* 이 중 박서양은 백정이라는 천한 신분이었지만, 의학을 배운 뒤 세브란스 간호사 양성소의 교수로도 활동했다.

여학생의 선망, 의사라는 전문직

근대 전문직 중 의사와 변호사는 우리나라에서 매우 빠르게 자

| 세브란스병원은 의료 선교사 에비슨이 미국 부호 세브란스의 기부금으로 1904년에 만든 병원이다.

리 잡았다. 의사는 의학교를 졸업하거나 국가고시를 통과한 이들에
게만 '면허'가 부여되었다. 1914년에 공포된 '의사 규칙'에 따르면,
당시 의사가 되기 위해서는 고등보통학교 졸업 정도의 자격을 갖추
고 총독부가 지정한 의학 전문학교(또는 제국대학 예과와 의학부)를 졸업
해야 했다. 지정받지 못한 의학교 출신이거나 독학자라면 총독부가

● 우리나라 최초로~의사 면허를 딴 사람들이다: 흔히 우리나라 최초의 의사가 서재필
  이라고 알고 있는데, 그는 미국에서 의사 면허를 받았으며 우리나라에서는 의료 활
  동을 하지 않았다.

주관하는 의사 시험을 통과해야 했다.

1942년 말 통계에서 한반도의 의사 수는 3557명이고, 그중 한국 사람은 65퍼센트인 2324명이다. 일본인 의사들은 대부분 관공서와 식민지 의료 기관에 취업하는데, 한국인 의사는 대부분이 개업의로 활동했다. 영화의 안생병원이 식민지에 있었다면, 이 병원에서 활동하는 한국인 의사들은 아주 특별한 존재인 셈이다. 그중에서도 여의사 인영의 존재는 더욱 그렇다. 일제강점기 말에 경성여자의학 전문학교가 설립되기 전까지 한국인 여의사는 열여덟 명밖에 없었다. 이들은 대개 도쿄여자의학전문학교 출신이었고, 중국과 미국 같은 해외 의학교 출신과 총독부의원 부속 의학강습소의 청강생 정도가 있었다.

우리나라 최초의 여의사는 박에스더(1877~1910)다. 배재학당에서 아펜젤러(H. G. Appenzeller)의 일을 돕던 아버지 김홍택의 주선으로 이화학당의 네 번째 입학생이 된 그녀의 원래 이름은 김점동이지만, 열두 살 때 세례를 받고 에스더가 된 뒤 박유산과 결혼하면서 서양식을 따라 성도 바꿨다. 외국어 학습 능력이 뛰어났던 그녀는 열네 살 때 우리나라 최초의 여성 병원 보구여관(保救女館)*의 간호 보조 및 통역으로 일을 시작했다. 그녀는 같은 여성으로서 의사이자 선교사인 로제타 홀(Rosetta S. Hall)의 언청이 환자 수술 과정을 지켜보면서 의사가 되기로 결심해 미국으로 갔다. 로제타 홀의 도움으로 뉴욕 리버티공립학교를 거쳐 볼티모어여자의대(현재 존스홉킨

| 우리나라 최초의 여성 병원인 보구여관. 1887년에 미국 북감리회가 여성과 어린이 환자 진료를 위해 보구여관을 개설했다.

스 의대)에 입학해 우리나라 최초의 여성 의사가 되었다.

박에스더는 귀국 후 한 해 평균 5000명이 넘는 환자를 치료했다고 한다. 당시 우리나라 여성들은 서양의학뿐만 아니라 한의학으로부터도 전면적으로 소외되어 있었다. 여성이 남성에게 몸을 보이는

● 보구여관: 1887년 서울에 설립된 한국 최초의 여성 전문 병원. 당시 한국 감리교의 의료 선교 관리자인 스크랜튼(W. B. Scranton) 목사가, 한국 풍속상 여성이 남성 병원에 갈 수 없다면서 여성들만을 위한 병원 설립 기금 청원을 미국 감리교 여성해외 선교부에 제출한다. 이것이 승인되어 같은 해 10월에 미국 감리교 여의사인 하워드(M. Howard)가 내한해 서울 정동의 이화학당 구내에서 여성 환자를 치료하기 시작했는데, 이것이 보구여관이다.

┃ 박에스더 부부와 로제타 홀 가족. 로제타 홀을 가운데 두고 김점동과 박유산이 함께 사진을 찍었다.

것은 극단적으로 피했고, 병이 나면 무당을 불러 푸닥거리를 하는 것이 고작이었다. 박에스더는 의료 혜택을 못 받는 여성들을 돕기 위해 비가 오나 눈이 오나 왕진에 나섰고, 그 결과 과로로 폐결핵에 걸려 서른네 살 나이에 아깝게 죽고 말았다.

〈기담〉의 배경이 되는 1940년대 한국의 대표적인 여의사는 소설가 이광수(李光洙, 1892~1950)의 아내로도 유명한 허영숙(許英肅, 1897~1975)을 비롯해 현덕신(玄德信, 1896~1963), 이덕요(李德耀), 유영준(劉英俊, 1892~?) 등이 있다. 허영숙은 1913년에 한성여고보를 졸업한 뒤 일본으로 가 도쿄여의전에 진학했고, 1918년에 조선총독부가 시행하는 의사 시험에 최고점으로 합격해 식민지 한국 최초의 여의사가 되었다. 우리나라 최초의 여성 개업의로서 1920년 경성에 영혜의원이라는 산부인과 병원을 열었고 『동아일보』의 기자로도 활동하면서 여성 문제에 관한 여러 글을 썼다.

의사는 여학생들이 선망하는 전문직이었다. 1928년에 미국인 여의사 로제타 홀이 한국에서 처음으로 여성들에게 의료 교육을 하는 조선여자의학강습소를 열었지만 별다른 성과를 내지 못했고, 1938년에야 수업연한 5년의 경성여자의학전문학교가 만들어졌다. 이 학교는 1942년 9월에 1회 졸업생 47명을 배출하고 1948년에 서울여자의과대학, 1957년에 수도의과대학으로 개편되다 1964년에 우석대학교로 발전했다. 따라서 〈기담〉의 여의사들은 대부분 도쿄여의전 출신으로 볼 수 있다.

도쿄여의전은 일본에서 명문으로 손꼽히는 고등교육기관이었으며 우리나라 여학생들도 종종 진학했다. 1923년에 이 학교를 졸업한 길정희(吉貞姬, 1899~1990)는 재학 시절 '여의로서 한 사람의 몫이 되어 남자에게 지지 않게 해 보리라는 희망을 가졌다'고 말했고, 한소제(韓少濟, 1899~1997)는 '어떻게 하면 전제적인 뱃심 좋은 횡포 무쌍한 무동정적인 남자 손에서 한푼 두푼 빌어먹지 않고 살아갈 도리가 없을까……. 따라서 마음 깊이 무슨 직업 하나를 가져야겠다는 생각이 있어' 도쿄여의전에 진학했다고 밝히기도 했다. 남성의 전유물로 여겨지던 의사라는 영역에 진출하는 것이 남성과 동등한 위치에 오르는 것이라는 인식을 볼 수 있다.

영화에서 인영도 도쿄에서 유학한 것으로 나오는데, 그녀가 대학에서 강의하는 장면은 시대 배경을 고려할 때 다소 무리한 감이 없지 않다. 차별이 극심하던 일제강점기에 한국인으로서 경성제국대학 의학부 교수가 되기란 거의 불가능했기 때문이다. 일제강점기를 통틀어 경성제국대학 의학부의 한국인 교수는 단 두 명이고, 그 재직 기간 또한 매우 짧았다. 이런 상황에 한국인 여자 교수란 있을 수 없는 데다 경성제국대학 의학부에 한국 여성이 입학한 예가 없기 때문에, 인영이 학생들을 후배라고 부르는 일도 있을 수 없다.

의료 혜택에서 소외된 한국인

당시 의사의 진료 모습은 오늘날과 그다지 다르지 않았다. 체온측정과 청진, 문진이 기본이고 마찬가지로 수련의를 이끌고 입원환자를 돌아보며 진찰하기도 했다. 영화에서도 의사인 수인(이동규분)이 정남 같은 젊은 수련의를 데리고 회진하는 장면이 나온다.

경성의학전문학교 정신과의 임상 실습 장면(1942).

우리나라의 인턴 제도는 세브란스병원에서 1914년에 시작되었다고 한다. 졸업 후 임상 실습 하는 과정을 1년 정도 두고 인턴으로서 자신이 원하는 과를 돌면서 경험을 쌓았다. 영화에서는 동원(김태우 분)이 신경외과 전문의로 설정되어 있지만, 실상 이 무렵 의사는 특정 분야를 전문적으로 보기보다 거의 모든 분야에서 폭넓게 의료 행위를 한 것으로 보인다.

영화의 세 가지 에피소드에 각각 자살·교통사고·다중 인격 이야기가 나오는데, 실제 일제강점기 병원 환자들은 주로 장티푸스·폐렴 같은 유행성 질환과 골절·뇌출혈·심장병·결핵·뇌막염·위궤양 등 급성 또는 만성 질환, 출산·성병·정신병 등으로 병원을 찾

▮ 민간에서는 두통을 치료하기 위해 사람 모양을 그려놓고 머리 부위에 낫을 꽂아두었다.

있다. 일제가 운영하는 병원의 환자들은 대부분 일본인이었고, 한국 사람들은 소외된 경우가 많았다. 영화에서 의사는 한국인인데 환자가 일본인인 것이 시대 상황을 반영한 결과라고 할 수 있다.

일제강점기 조선총독부의 통계 자료를 찾아보면, 병원과 의사의 수가 늘었어도 그 혜택은 대개 한국에 있는 일본인에게 갔다.

당시에는 서양식 병원 건물도 많지 않았다. 세브란스병원과 서양식 병원 건물을 대표한 것은 1907년 대한제국 때 지어진 국립 병원 대한의원이다. 이 건물은 일제강점기 초에는 조선총독부의원이었고, 1911년에는 부속 의학강습소로 이름이 바뀌었으며, 1926년에는 경성제국대학에 포함되면서 대학 병원이 되었다.

영화는 1940년 당시에도 몇 안 되었던 서양식 건물의 병원에서 일하는 한국인 의사와 그로테스크한 일본인 환자들의 관계와 혼돈 상황을 보여 준다. 의사의 경우 한국인으로서는 최고 정예지만, 저항하기보다는 식민지 상황을 내면화해 절름발이 상류층으로 살던 지식인의 모습을 담고 있다. 원장의 죽은 딸과 영혼 결혼을 할 상대로 강제 지목되는 수련의 정남, 일본인 육군 중장을 수술하다 죽임을 당하는 동원 등은 일본인에 버금가는 상류계급이라도 결국 일본에 핍박당하는 한국인일 뿐인 식민지 지식인의 한계를 보여 준다.

한편 영화에 등장하는 일본인 환자들은 대개 기괴한 모습으로 표현되는데, 이는 당시 지는 싸움에 끝까지 매달리고 있던 일본의 정신 상태를 표현한 것이 아닌가 한다.

1940년대 일제의 수탈

〈기담〉의 시대 배경인 1942년은 일본이 미국 하와이 진주만을 공격하며 일으킨 태평양 전쟁(1941년)의 전황이 점차 일본에 불리해지던 때다. 희망 없는 전쟁에 막대한 전비를 쓰다 보니, 물자가 턱없이 부족해지고 서민을 상대로 한 국가적 착취가 심해져 삶이 각박해져 갔다. 일본에서도 이때부터 전 국민을 상대로 허리띠를 졸라매자는 운동을 했으니, 식민지에서는 말할 필요도 없을 것이다.

1941년 태평양 전쟁을 일으키기 전까지 일제는 식민지 한국을 2등 민족으로 대놓고 차별했다. 그러다 세계 전쟁에 뛰어들면서 그 태도를 묘하게 바꾸어 가기 시작했다. 물자와 인력 부족 때문이다.

처음에는 일본인만 전쟁터에 나갔다. 그런데 전쟁이 길어지면서 인적 자원이 절대적으로 필요해지자 한국 사람도 전쟁에 끌고 가야 할 판이 되었다. 일제는 이때부터 한국에 대한 정책을 기묘하고 악랄하게 바꾸어 가기 시작했다. 전쟁에 나가 문제를 일으키지 않을 한국인을 만들기 위해 기만적으로 '내선일체(內鮮一體)'를 내세운 것이다. '내선일체'의 내(內)는 일본, 선(鮮)은 조선(한국)을 뜻한다. 일본과 조선이 하나니 똑같이 대우한다는 말처럼 들리지만 실상 한국 사람도 일본을 위해 희생해야 한다는 음험한 의미를 가지고 있었다. 이때부터 한국인들을 '짝퉁 일본인'으로 만들기 위한 정책이 집요하게 실시되었다. 창씨개명이나 조선어 금지 등의 민족 말살 정책은 일본을 위해 사심 없이 죽을 수 있는 한국인을 만들겠다는 의도였다.

〈기담〉에 등장하는 의사들은 모두 한국 이름을 쓴다. 그러나 당시 창씨개명을 하지 않으면 엄청난 불이익을 당했기 때문에 이는 시대상과 맞지 않은 설정으로 보인다. 창씨개명을 하지 않으면 학교에서 수업을 들을 수 없었고, 식량과 기타 생필품을 배급받을 수 없었고, 우선적으로 징용 대상자가 되었다. 실제 1942년 당시 종합병원 정도의 공적인 기관에 근무하는 의사로 창씨개명을 피한 사람

창씨개명하기 위해 줄을 선 사람들. 출처: 『사진으로 보는 서울 2』

은 거의 없었을 것이다. 인영의 강의 장면도 마찬가지다. 영화에서는 우리말로 강의를 하지만 이 시기에 오면 모든 강의는 일본어로 이루어져야만 했다.

일본은 수업뿐만 아니라 일상생활에서도 일본어를 쓰도록 강제했다. 일제의 민족 말살 정책이 얼마나 악랄했느냐 하면, 1945년 해방 당시 상당수의 청소년들은 한국말보다 일본말을 편하게 여겼고, 특히 한글을 알지 못해 책은 일본어로 된 것을 봐야 하는 사람도 많았다고 한다.

강제 징용과 위안부 문제

일본이 한국인을 개조하려고 한 것은 전쟁 야욕에 이용하기 위해서였다. 1943년부터 실시한 학생을 상대로 한 학도병 모집으로 4500여 명을 전쟁에 몰아넣었고, 1944년에는 본격적으로 징병제를 실시하여 패전 때까지 20만여 명을 전쟁터로 끌고 갔다.

그 뿐만 아니라, 군인으로 징발하지 않은 남자들은 전쟁을 후방에서 지원하는 일터에 강제로 끌고 가 무임으로 혹사시켰다. 강제 징용이다. 1939년에 '국민징용령'을 발한 일제는 1945년 8월 패망때까지 146만 명의 한국인 청장년을 징용하여 광산·토목공사·군수공장에 투입하여 노예 노동을 시켰다. 군사 기밀에 관한 공사에 투입한 경우에는 기밀 유지상 필요하다는 이유로 공사가 끝난 뒤에 징용당한 한국인들을 집단 학살하는 만행을 저지르기도 했다. 2017년에 개봉한 영화 〈군함도〉가 당시 징용 간 사람들의 처참하고 참혹한 상황을 영화적 상상력을 보태 그려 낸 작품이다.

한국인에 대한 일제의 수탈과 착취는 남성들에게만 국한된 것이 아니었다. '여자정신대근무령(女子挺身隊勤務令)'을 공포하여 12~20세의 젊은 여성을 잡아가 군수공장에서 노역을 시키고 여학생들은 군인을 뒷바라지하게 만들기도 했다.

그리고 '일본군 위안부'라는, 가장 참혹한 전쟁 범죄를 저질렀다. 여성들을 동남아시아 전선으로 끌고 가 '위안부'라는 성노예로

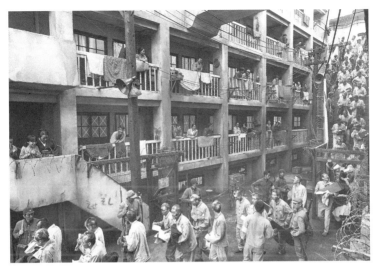

▌ 일제의 한국인 강제 징용 문제를 다룬 영화 〈군함도〉의 한 장면.

학대한, 그야말로 잔악한 만행을 저지른 것이다. '일본군 위안부'는
일본 정부 차원에서 여성을 성노예로 삼게 한 것인데, 이런 예는 세
계 역사를 통틀어 일본이 유일하다.

　우리 민족은 일본에게 이런 엄청난 범죄를 당하고도 해방 후, 오
랫동안 가부장 이데올로기와 독재 정권의 전횡 속에서 위안부 문제
를 외면해 왔다. 여성의 피해를 수치로 여기고 숨기기에만 급급했
던 것이다. 그러다 1991년 이제는 고인이 된 김학순 할머니가 자신
의 위안부 피해를 증언함으로써 위안부 문제는 비로소 우리가 해결
하고 사과를 받아야 할 우리의 역사로 들어온다. 현재 '위안부' 피해

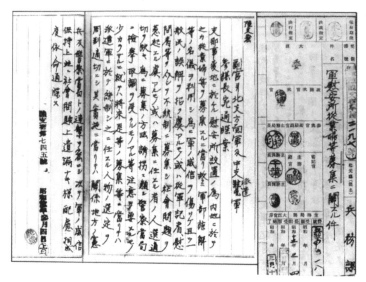

| 1938년 3월 4일 일본군의 위안부 모집에 관한 명령서.

자들에 대해 일본 정부는 '모르쇠'로 일관하거나 인정한다 해도 정부 차원에서 한 일이 아니라는 말만 되풀이하고 있다. 도처에 증거가 넘쳐나도 무시하고 있는 것이다.

'위안부' 문제는 우리 영화계에서도 오랫동안 다루어지지 않았다가 최근 몇 편의 영화로 제작되어 부각되었다. 최초의 위안부 증언 후에 나온 변영주 감독의 〈낮은 목소리〉(1995)는 다큐멘터리 영화였고, 그 후 극영화는 제작되지 않다가 최근 한일 간 '위안부'에 대한 외교 문제가 급부상하면서 몇 편의 영화가 만들어졌다. 〈귀향, 끝나지 않은 이야기〉(2017년 개봉. 조정래 감독), 〈아이캔스피크〉(2017년 개봉, 김현석 감독), 〈허스토리〉(2018년 개봉, 민규동 감독)가 그것이다.

병원이라는 공간에 역사성을 덧입히다

일제는 인적 자원뿐 아니라 어마어마한 물자를 한반도에서 수탈해 갔다. 처음에는 전쟁에 당장 필요한 광산 자원, 쌀 수탈 등이 이루어지다가 전쟁이 본격화되자 '공출'이라는 이름으로 마구잡이로 민간의 물자를 빼앗아 가기 시작했다. 1940년대부터는 송진·아주까리기름, 심지어 총알을 만들기 위해 놋그릇·숟가락까지 가져갈 정도였다. 이렇게 공출이 심해졌다는 것은 그만큼 전쟁 상황이 어려워졌다는 것을 뜻했다.

그러다 보니 〈기담〉에 나오듯 사회 간접 자본에 대한 배려는 번번이 뒷전으로 밀려나, 한국에 몇 안 되던 서양식 건물인 현대식 병원이 정전되기도 했다. 일본 스스로 몰리는 상황이다 보니 그 여파는 식민지에 더 크게 밀려왔다. 식민지에 대한 압제와 수탈이 극단적으로 치닫는 상황에서, 한국인이라면 신분의 고하, 친일과 반일을 막론하고 피해를 입는 상황이었다. 〈기담〉의 감독이 1942년이라는 배경을 굳이 밝히면서도 이런 식민지의 폭압적 상황을 드러내지 않은 것은, 전쟁으로 일그러진 사회 상황이 병원이라는 공간을 짓누르는 공포와 흡사하다는 것을 표현하려 했기 때문이 아닐까?

〈기담〉은 오늘날의 관객에게, 익숙하지만 전혀 일상적일 수 없는 병원이라는 공간에 역사성이라는 스타일을 더하고 비밀스러운 사랑의 애틋함을 보태, 공포를 한 단계 더 고급화하여 보여 준 수작이다.

8

하늘을 우러러
한 점 부끄럼이 없기를
〈동주〉

'죽는 날까지 하늘을 우러러 한 점 부끄럼이 없기를' 하고 시작하는 「서시」는 한국인이 가장 좋아하는 시로 꼽힌다. 그리고 이 시를 지은 윤동주(尹東柱, 1917~1945)는 두말할 필요 없이 국민 시인으로 널리 알려져 있다. 그의 삶을 그린 영화가 〈동주〉(2016년 개봉, 감독 이준익)다. 〈동주〉는 일제의 생체 실험으로 감옥에서 요절했다는 참혹한 이야기 외에 그다지 알려지지 않았던 윤동주의 짧은 삶을 재조명한다. 최근 역사 영화들이 재미를 위해 지나치게 역사를 재해석한 데 비해 〈동주〉는 사실에 근거해 윤동주의 삶을 따라가려 했고, 저예산으로 제작했지만 117만 명의 관객이 드는 성공을 거둬 전기 영화의 새로운 가능성을 보여 주기도 했다.

북간도의 시인 윤동주와 그의 사촌 송몽규

영화 〈동주〉는 윤동주뿐 아니라 그의 삶에서 떼어 놓을 수 없는 존재인 사촌 송몽규(宋夢奎, 1917~1945)를 세상에 알렸다는 데서 색다른 의미가 있다. 흔히 윤동주는 서정시의 대표 시인이자 일제에 안타깝게 희생된 청년으로만 묘사되곤 했다. 그러나 이 영화는 윤동주의 고종사촌이자 영원한 친구, 영혼의 동반자와 같던 송몽규의 삶을 함께 보여 주면서 이미 알려진 시인 윤동주의 이미지를 다르게 변주한다. 식민지 지식인의 사회적 책무와 시인의 예민한 감수성 사이에서 갈등하는 윤동주의 인간적인 모습을 부각한 것이다.

윤동주와 송몽규는 1917년 중국 지린성 룽징시 명동촌(明東村)에서 태어났다. 송몽규가 9월생, 윤동주는 12월생이다. 이들이 태어

난 곳은 오늘날 옌볜 지역이며 당시에는 북간도로 불렸다.

　19세기 말부터 시작된 우리 민족의 북간도 이주사에서 명동촌은 꽤 깊은 의미가 있다. 명동촌은 1899년부터 1905년까지 기울어가는 나라의 운명을 걱정하던 문치정(文治政, 1879~1914), 남위언(南韋彦), 김하규(金河奎), 김약연(金躍淵, 1868~1942) 등 네 사람의 집안 142명이 이상촌 건설과 인재 교육 등을 위해 집단 이주하면서 형성되었다. 원래 이 지역의 중국 지명은 '비둘기 바위'를 뜻하는 '부걸라재'다. 우리나라에서 간 이주민들이 '동방, 곧 한반도를 밝히는 곳'으로 만들기 위해 '명동촌'으로 새로 이름을 지어 불렀다.

윤동주의 집안은 명동촌을 만든 주축은 아니다. 그의 집안은 원래 함북 종성군에 살았는데, 1886년 윤동주 증조부의 주도하에 북간도의 자동(子洞)으로 이주했다. 19세기 말, 특히 1880년대는 국내외 정세가 뒤숭숭한 가운데 흉년도 극심했다. 조선 후기부터 한반도 북쪽에 살던 사람들은 새로운 땅을 찾아 당시 미개척지였던 두만강을 넘는 경우가 왕왕 있었다. 당시 청과 조선의 국경이 분명하게 정해져 있지 않은 상태였기 때문이다. 두만강 너머의 땅에 대해 청은 여진족 조상들의 발상지라 여겨 금단의 지역으로 남겨두려 했고, 조선은 딱히 우리 땅이라고 주장하지도 않고 청의 땅이라고 보지도 않은 채 버려두고 있었다. 이런 환경에서 함경도 사람들은 필요에 따라 두만강을 넘나들면서 땅을 개척하고 마을을 형성하기도 했다. 윤동주의 집안도 이런 맥락에서 북간도로 이주한 것이었다. 그리고 1900년에 명동촌이 생기자 윤동주의 할아버지인 윤하현(尹夏鉉, 1875~1947)이 마을이 만들어진 뜻에 감응하여 집안 전체가 명동촌으로 이주하였다.

송몽규의 집안은 함경북도 경흥에 있었는데, 그의 아버지 송창희(宋昌羲, 1891~1971)가 명동학교의 조선어 교사로 부임하면서 명동촌과 인연을 맺었다. 송창희는 윤동주의 고모와 결혼하면서 명동촌에 정착한다.

뜻을 품은 사람들이 모인 만큼 명동촌은 미래의 인재를 키우기 위한 교육 사업을 활발히 벌였다. 독자적으로 '명동학교'를 세워 민

족 교육의 산실로 삼아, 윤동주도 어린 시절을 이 학교에서 보냈다. 당시 식민지 조선에서는 상상도 할 수 없던 독립사상을 가르친 명동학교 덕분에 명동촌은 1920년대까지 북간도의 명실상부한 민족 교육의 본산으로 자리매김한다. 명동학교에서 감수성이 풍부한 어린 시절을 보낸 사람 중에는 윤동주와 송몽규의 친구인 문익환(文益煥, 1918~1994) 목사도 있다. 영화에서도 북간도 시절 동주, 몽규와 어울리는 순수한 청년으로 문익환(최정헌 분)이 등장한다. 두 친구와 달리 노년기까지 생존한 문익환이 여러 차례 옥고를 치르면서도 민족 통일 운동에 앞장선 데는 명동촌 시절의 영향이 있을 것이다.

영화에서 동주(강하늘 분)와 몽규(박정민 분)는 옌볜 사투리를 쓴다. 실제로 이들은 연희전문학교에 입학하기 전까지 한 번도 서울에 간 적 없으니, 당연히 자신이 자란 지방의 사투리를 썼을 터다. 그들의 말투는 당시 친구들이 듣기에 기분 좋게 부드러웠다고 한다. 윤동주의 연희전문학교 동창인 시인 유영(柳玲, 1917~2002)은 윤동주 추모 시 「창밖에 있거든 두드려라」에서 '모진 바람에도 거세지 않은 네 용정(룽징) 사투리'라고 표현하기도 했다.

영화에 나오듯 윤동주는 어린 시절부터 문학에 뜻을 두고 있었으며 조용하고 신중한 성격이었다고 한다. 한편 송몽규는 외향적이고 머리가 좋으며 앞에서 사람들을 이끄는 능력이 있었다. 송몽규가 청소년기에 독립운동을 하려고 가출해 중국 뤄양군관학교(낙양군관학교)에 들어가는데, 그에게 이 길을 제시한 사람은 명희조(明義朝)다. 영화에서는 그가 명동학교 교사로 나오지만, 실제로는 룽징에 있던 은진중학교의 역사 교사였다. 은진중학교는 기독교계 학교였지만 1930년대에 태극기를 교실에 걸어 놓고 3·1절과 단군기념일(개천절)을 지켰을 정도로 민족주의 색채가 강한 학교였다. 명희조는 이 무렵 중국 본토의 독립운동과 연을 맺고 있었던 듯하다. 그가 송몽규에게 소개한 뤄양의 군관학교는 1932년 윤봉길(尹奉吉, 1908~1932)의 상하이 홍커우공원 의거 이후 대한민국임시정부의 위상을 높이 산 중국국민당 정부의 지원으로 뤄양군관학교 내에 만들어진 한인특별반이고, 대장은 김구(金九, 1876~1949)였다.

그런데 송몽규가 입학한 직후, 뤄양군관학교의 한인특별반은 혼란스러운 국제 정세 속에서 없어진다. 이후에도 송몽규는 한동안 뤄양 일대에 머물면서 독립운동을 꾀했지만, 결국 일경에 체포된다. 송몽규가 중국에서 한 일은 현재까지 자세히 알려진 것이 없다. 영화에서는 밀정을 처단하는 일에 연루되었다고 나오지만 구체적으로 밝혀진 바는 아니다. 중국에서의 행적으로 송몽규는 일제의 요시찰 인물이 되었다.

식민지 조선의 현실을 타개하기 위해 좀 더 적극적이고 행동적이었던 송몽규는 이후에도 독립을 위한 활동을 멈추지 않았다. 송몽규는 교토에서 조선 독립을 위한 유학생 조직을 만들었다. 이 조직에 윤동주도 참여했다. 그러나 요시찰 인물이던 송몽규를 오랫동안 감시해 온 일본 고등 경찰에 결국 조직이 발각되고 만다. 두 사람은 일경에 체포되어 나란히 후쿠오카형무소에 수감되었다. 그리고 한 달여의 차이를 두고 똑같이 비극적 운명을 맞는다.

시인 윤동주의 탄생

영화에서 윤동주와 송몽규가 기차로 서울에 가는 장면이 아름답게 그려지는데, 이들은 1938년에 나란히 연희전문학교에 입학한다. 우리에게 알려진 윤동주의 많은 시가 연희전문학교 시절에 지어졌다. 20대 초반의 감수성 풍부한 청년기이기도 했지만, 윤동주는 연희전문의 학풍을 좋아했고 이때 받은 교육으로 문학적 성장을 이루었다. 연희전문 시절은 윤동주의 짧은 인생에서 가장 행복했던 시기였다.

▌ 영화 〈동주〉에서 윤동주(강하늘 분)와 송몽규(박정민 분)가 기차를 타고 서울 가는 장면.

연희전문학교는 연세대의 전신이다. 일제강점기 우리나라의 대학은 경성제국대학뿐이었다. 하지만 일제가 세운 경성제국대학은 한국인보다는 식민지 조선에 있는 일본인을 위한 대학이었다. 우리나라 사람들은 바늘구멍에 들어가는 것만큼 입학이 어려웠고, 입학한다고 해도 차별이 심했다. 당시 우리나라 사람들이 고등교육을 받으려면 주로 전문학교에 진학했는데, 연희전문뿐만 아니라 보성전문(고려대의 전신)과 이화여전(이화여대 전신) 등으로 입학했다. 전문학교는 법적으로 대학교와 고등학교의 중간쯤에 있었지만, 우리나라의 많은 지식인이 이들 전문학교에서 배출되었고, 사람들은 내심 이 학교들을 대학과 동등하게 여겼다.

연희전문은 기독교 계통 학교로 기독교 집안에서 자라난 윤동주
와 송몽규에게는 낯설지 않으면서도 자유롭게 학문을 연구할 수 있
는 터전이었다. 그리고 윤동주는 이곳에서 살아생전 받지 못한 시
인이라는 칭호를 죽어서 받게 만들어 준 사람들을 만난다.

영화에서 윤동주가 기숙사 핀슨홀에서 겉늙어 보이는 친구 강
처중(민진웅 분)을 만나는 에피소드가 코믹하게 소개되는데, 실제로
강처중(姜處重, 1916~?)은 윤동주, 송몽규와 핀슨홀의 삼총사로 불
릴 만큼 친하게 지냈다. 일본 유학 시절에 윤동주가 쓴 시가 오늘날
까지 남아 있는 것은, 모두 강처중 덕분이다. 윤동주가 도쿄에서 쓴
시들은 강처중에게 보낸 편지 속에 있던 것들이다. 강처중은 윤동
주의 시를 소중히 간직했고 해방 이후 이를 공개했다.

훗날 강처중은 윤동주의 시가 출판될 수 있도록 기획하기도 했

다. 해방 뒤에 『경향신문』 창간 기자가 된 그가 주필인 시인 정지용 (鄭芝溶, 1902~1950)에게 윤동주의 시를 보여 주고 시집의 서문을 받았다. 시집에 들어가는 발문은 자신이 직접 써서 『하늘과 바람과 별과 시』를 출간했다. 그리하여 마침내 윤동주는 일제의 손에 참혹하게 죽어 간 아까운 청년에서 민족 문학사에 영원히 남을 시를 쓴 시인으로 거듭난다.

윤동주의 시를 세상에 알리는 데 큰 역할을 한 강처중이지만, 그의 삶은 기구했다. 함경도 출신 강처중은 해방 이후 서울에 정착하여 『경향신문』에서 기자 생활을 했지만, 남로당(남조선노동당)의 핵심이라는 또 다른 모습이 있었다. 미군정 시기부터 공산당은 남한에서 부정되었고, 공산당원은 남한 정부 단독 수립 후에는 빨갱이로 불리며 체포 대상이 되었다. 강처중은 1950년 남로당 간첩 사건의 배후로 체포되어 사형을 선고받았다. 이 선고 때문에 강처중이 사형을 당했다고 생각하는 그의 지인이 많았다. 친구나 친척이라 해도 빨갱이라고 몰린 사람의 소식을 알아보는 것 자체가 두려운 시대를 살아온 탓이었다. 그러나 강처중은 이때 죽지 않았다. 그는 서대무형무소에서 복역하던 중 한국전쟁이 터져 북한군이 서울로 들어오면서 형무소가 개방되자 석방되어 이후 소련으로 유학을 가겠다는 말을 남긴 뒤 월북했다고 한다. 그 뒤 강처중의 흔적은 찾을 수 없다. 윤동주의 시집에 서문을 남긴 정지용도 월북한다. 그래서 전쟁이 끝난 뒤 다시 발간된 윤동주의 시집에서는 강처중과 정지용

▎교토에서 조선 독립을 위한 유학생 조직에 참여한 윤동주는 결국 송몽규와 나란히 체포되어 후쿠오카형무소에 수감된다.

의 글이 모두 삭제되고 말았다. 월북 문인에 대한 해금 조치가 나온 1988년 이후에야 윤동주 시집 초판에 있던 정지용의 서문을 다시 볼 수 있게 되었고, 강처중이 한 일도 알려지기 시작했다.

영화에 윤동주와 정지용(문성근 분)이 만나는 장면이 있지만, 이는 사실이 아니다. 윤동주가 정지용의 시를 아주 좋아하기는 했어도 두 사람이 만난 적은 없다고 한다. 정지용은 윤동주가 죽은 뒤에 강처중을 통해 시를 읽고 윤동주에게 시인이라는 칭호를 처음으로 부여한 사람이다. 그들의 또 다른 인연이 있다. 일경에 체포되기 전 윤동주가 교토에서 도시샤대학에 다녔는데, 정지용도 이 대학을 졸업했다. 지금 도시샤대학 교정에는 윤동주와 정지용의 시비가 나란히 서 있다.

마루 밑에 감춘 시집이 극적으로 출판되다

한편, 영화에서는 윤동주가 도쿄에서 다닌 릿쿄대학의 일본인 교수와 가깝게 지내면서 그 지인의 딸의 도움을 받아 자신의 시를 영역(英譯)한 시집을 출간하려 한 일화가 나온다. 하지만 이것은 영화의 설정일 뿐이다. 윤동주가 자유주의 사상을 가진 일본인 교수와 가깝게 지냈다는 증언은 있지만, 그와 관련해 윤동주의 시 작업에 도움을 준 일본 여성에 대해서는 알려진 바가 없다. 다만 일본 유학 시절에 윤동주가 사모한 여인이 있다는 것은 그의 여동생 윤혜원(尹惠媛, 1924~2011)의 증언으로 알려졌다. 윤동주가 성악 전공으로 일본에서 유학한 한국 여성을 사모해 사진까지 가지고 있었다는데, 그가 혼자 품은 감정이라 상대는 그런 사실을 몰랐다고 한다. 영화 앞부분에 나오는 이화여전 학생 이여진(신윤주 분)도 가상의 인물로, 친구들의 증언 속에 얼핏 교회를 같이 다니던 이화여전 학생을 눈여겨보았다는 이야기가 있다.

윤동주는 연희전문학교를 졸업하는 1941년에 자신이 완성작이라고 생각한 시 열아홉 편으로 시집을 펴내려 했다. 그러나 억압

■ 1948년 정음사에서 펴낸 『하늘과 바람과 별과 시』 초판본.

적인 당시 분위기 속에서 한글로 쓰인 시를 세상에 보이면 위험해 질 것이라고 우려한 이양하(李敭河, 1904~1963) 교수의 충고로 출간 이 보류되었다. 이때 출간을 대신해 윤동주가 자필 시집 『하늘과 바 람과 시』를 세 부를 만들어, 한 부는 자신이 가지고 있다가 북 간도 집에 두었으며 후배 정병욱(鄭炳昱, 1922~1982)과 이양하 교수 에게 한 부씩 주었다고 한다. 그중 정병욱이 가지고 있던 시집이 남 아, 윤동주가 완성작으로 생각한 시 열아홉 편을 감상할 수 있게 되 었다.

정병욱이 가지고 있던 시집이 세상에 나온 과정도 상당히 흥미 롭다. 윤동주가 독립운동 혐의로 일제에 체포되어 후쿠오카감옥에 서 복역할 때, 정병욱의 사정도 녹록지 않았다. 2차세계대전에서 패 배를 거듭해 궁지에 몰린 일제는 1943년부터는 학생까지 전쟁터로

8장 〈동주〉 **—** 145

끌고 가는 학병제를 실시하는데, 정병욱도 이때 끌려간다. 그는 어머니에게 유언을 남기듯 윤동주의 시집을 소중히 보관해 달라며 맡겼고, 그 어머니는 시집을 명주 보자기로 겹겹이 싸 정병욱의 고향 집 마루 밑에 감춰 두었다. 그리고 해방이 되어 아들이 살아 돌아왔을 때 자랑처럼 시집을 내놓았다고 한다. 정병욱이 이것을 당시 기자였던 강처중에게 보여 주었고, 강처중은 자신이 가지고 있던 윤동주의 도쿄 유학 시절 시 다섯 편을 보태 1948년에 책으로 펴낸다.

암울한 시대를 살다 간 아름다운 시인

암울한 식민지 시절을 표현하듯 영화 〈동주〉는 흑백이다. 윤동주가 한글로 시를 쓰던 1940년대는 한글 교육이 금지되고 한국인에게 일본식 이름을 쓰게 하는 창씨개명이 강요되던 시기다. 많은 시인과 작가가 친일파로 돌아서 일제를 찬양하는 일본어 시를 쓰고 우리나라 청년들을 전쟁터로 내모는 연설을 하던 때다. 일제는 영원히 망하지 않을 듯했고, 친일하지 않는 사람들은 절망하고 고통받았다. 이런 시기에 윤동주는 좌절하지 않았다. 송몽규와 윤동주가 조직한 학생 비밀 조직은 어떻게 하면 일제를 궤멸시킬 수 있을지, 일제가 망한 다음 해방된 나라는 어떠해야 하는지 등 구체적인 사안을 고민하고 방법을 찾아 실천하려고 했다.

▮ 도시샤대학의 윤동주 시비(왼쪽)와 정지용 시비(오른쪽).

1917년 12월 30일에 태어나 1945년 2월 16일에 죽은 윤동주는 평생을 일제하에서 살았으나 결코 일제를 받아들이지 않고 독립된 나라의 미래를 꿈꾼 한국 사람이자 시인이다.

〈동주〉는 어두운 시대를 살아간 청년 윤동주·시인 윤동주·독립운동가 윤동주를 그렸지만, 결코 절망하지 않은 사람, 그리고 하늘을 우러러 한 점 부끄럼이 없기를 바란 사람에 관한 어둡지 않은 아름다운 전기 영화다.

9

민족의 비극을 품은 한라산

〈지슬: 끝나지 않은 세월 2〉

〈지슬: 끝나지 않은 세월 2〉(2013년 개봉, 감독 오멜)는 1948년 제주도에서 일어난 4·3사건을 소재로 한 영화다. 우리 현대사에서 가장 아픈 사건으로 꼽히는 4·3사건을 에두르기보다는 담담하고 건조한 시선으로 직접 조명해 사실성을 높였다. 흑백으로 상영되는 영화는, 빛과 어둠의 단순한 대비를 통해 역사의 명암을 뚜렷이 드러내는 한편 매우 회화적이며 시적인 화면을 구성해 그 내용을 더욱 의미심장하게 만든다.

〈지슬〉은 상업적 투자를 받지 않고 만든 저예산 독립영화지만, 완성도가 매우 높고 예술적이다. 자본으로부터 독립한 덕에 주제의식부터 표현 방법까지 뚝심 있게 밀어붙여, 기존 상업 영화에서 느끼기 어려웠던 깊은 울림을 전한다.

1948년 11월 한라산 소개령

영화 제목 '지슬'은 제주 방언으로 감자다. 영화는 이념에 젖어 정치 구호를 외치는 사람들이 아니라 지슬, 즉 감자를 먹으며 이웃과 도란도란 삶을 나누던 순박한 제주도 사람들이 4·3사건 속에서 어떻게 희생되었는지를 아프게 보여 준다.

4·3사건이 1948년 4월 3일에 발생했다고 생각하기 쉽지만, 사실 4·3은 상징적인 날짜일 뿐이고 4·3이 대표하는 제주도민의 비극은 해방 직후에 시작했다고 봐야 한다. 「제주4·3사건 진상규명 및 희생자 명예회복에 관한 특별법」에 따르면, 4·3사건은 '1947년 3월 1일을 기점으로 1948년 4월 3일 발생한 소요 사태 및 1954년 9월 21일까지 제주도에서 발생한 무력 충돌과 그 진압 과정에서 주민들이 희생당한 사건'이다. 영화의 배경도 4·3사건이 일어난 1948년 봄이 아니라 11월 말 이후다. 1948년 11월, 정부가 한라산 중산간 지역에 소개령을 내렸다. 이때부터 이듬해 2월까지 4개월간 정부군과 서북청년단이 극심하고 악랄하게 중산간 지역의 마을을 초토화하고 마을 사람들 대부분을 희생시켰다. 4·3사건의 희생자 대부분이 이 시기에 안타깝게 목숨을 잃었다.

〈지슬〉은 제사 의식에 따라 영화를 네 부분으로 나누어 보여 준다. 첫 장면에는 제사를 지내던 집안사람이 몰살된 듯 제기가 널브러진 방 안이 나온다. 학살을 지휘하고 행동에 옮긴 중사급 군인 둘

┃ '지슬'은 제주도 방언으로 감자다. 영화 〈지슬〉은 감자를 먹으며 이웃과 삶을 나누던 순박한 제주도 사람들이 4·3사건으로 어떻게 희생되었는지 아프게 증언한다.

이 겁탈 후 죽였다고 보이는 여성의 시신 옆에서 제사상에 올렸을 배를 나눠 먹는다. 너무 담담하고 건조해서 처절한 도입부다.

실화를 바탕으로 만든 〈지슬〉의 배경은 제주 서귀포시 안덕면 동광리다. 1948년 11월 중산간 소개령 뒤 초토화 작전이 진행되던 시기, 이 마을 사람 120명이 토벌대를 피해 50여 일 동안 마을과 가까운 '큰넓궤'라는 동굴에 머문다. 그러나 영화 마지막에 소개되듯 이들 중 대부분이 군인들에게 발각되어 죽임을 당한다.

4·3사건의 발단, 1947년 3·1절 기념식과 서북청년단

4·3사건의 단초는 해방 직후 시작되었다. 해방 이후, 기대하던 새 나라 대신 미군정이 들어서면서 제주도민들의 실망이 컸다. 미군정은 행정상 편의를 위해 제주도 사람들의 정서는 전혀 고려하지 않고, 일제에 부역한 경찰을 고스란히 군정 경찰로 둔갑시켰다. 독립했는데도 여전히 친일파가 군림한 것이다.

이 와중에 일제강점기에 징용을 비롯한 이유로 국외에 나가 있던 사람들이 귀환하면서 문제가 커지기 시작했다. 2차세계대전 말 일제에 가장 많은 수탈을 당해 기초 물자마저 부족하던 제주도에 갑자기 많은 사람이 돌아오면서 제주도는 실업난과 생필품 부족을 겪었다. 영화에서도 등장인물들이 징용 다녀온 이야기를 나누는데, 실제로 제주도는 육지에 비해 일제강점기에 징용된 사람들의 수가 유난히 많았다. 제주도민은 일제의 핍박과 착취를 많이 당한 만큼 독립 후 새 나라에 대한 기대가 컸다. 늘어난 인구에 연이은 흉년, 거기다 콜레라까지 창궐하면서 민심은 팍팍해졌다. 그러나 미군정은 이런 제주도의 현실을 해결하기보다는 방치하거나 악화시키기만 했다.

사건의 발단은 1947년 3월 1일, 3·1절 28돌 기념 대회 후 사람들이 미군정의 잘못된 행정에 항의하며 벌인 시위였다. 이때 경찰이 시위 군중을 향해 발포한 총에 여섯 명이 희생당했다. 제주도의 민심은 그야말로 들끓었다. 이런 민심에 부응한 것이 공산주의 정당인 남로당이었다. 남로당이 '제주도 3·1사건 대책 남로당 투쟁위원회'를 결성하고 제주도청을 비롯한 기관에서 민관 합동 총파업을 단행하자 분노가 임계점에 달해 있던 제주도민들이 이 파업에 크게 호응했다. 대규모 파업이 일어나자 미군정이 당황했다.

미군정은 제주도민의 말을 듣기보다는 강제 진압을 선택했다. 미국과 소련 간 갈등이 시작되고 이념과 진영 문제가 대두되던 시기였기에 파업을 공산주의 정당인 남로당이 주도했다는 사실이 미군정을 자극한 것이다. 미군정은 3월 7일에 계엄령을 선포하고 파업 주도 세력을 비롯해 약 2500명을 폭력을 써 가며 무더기 검거했다.

영화에서 마을 사람들을 죽이는 군인 우두머리 한 명이 북한 말씨를 쓰면서 빨갱이는 무조건 싫다고 한다. 당시 제주도에 파업을 진압하러 간 사람들 중에는 군인과 경찰 외에 서북청년단이 있었다. 서북청년단은 해방 이후 공산화된 북한 지역에서 월남한 이북 각 도별 청년 단체가 모여 만든 극우 반공 단체다. 북한 공산 정권 하에서 부모나 땅을 잃은 지주의 자제들이 중심이 된 단체인 만큼 공산주의라고 하면 물불을 가리지 않고 증오심을 드러내는 사람들이 많았다. 그 속에 폭력적인 사람들도 많이 섞여 들어갔다. 서북청년단은 좌우익이 충돌할 때마다 우익 진영의 선봉에 서서 무자비하게 좌익을 진압했다. 증오에 뿌리를 둔 이들은 공산주의자라고 의

심되는 사람은 무조건 공격했다. 미군정은 이들의 이런 특징을 이용했다. 제주도 파업 사건이 일어나자 서북청년단을 대거 제주도로 보낸 것이다. 서북청년단은 군인이나 경찰보다 앞장서서 제주도민을 무자비하게 폭행하고 살상했다. 영화에서는 서북청년단과 군인을 분리해서 표현하지 않았지만 당시 제주도에 들어간 진압 세력의 성향과 구성을 고려해 북한 말씨를 쓰는 인물을 만든 것으로 보인다. 1947년 3월 시위를 진압한 뒤에도 파업 세력에 대한 미군정의 강경책은 심해졌고, 많은 사람이 미군정의 공포정치를 피해 한라산으로 숨어들었다.

미군과 이승만 정부의 잔혹한 합동작전

이듬해인 1948년에 남한 단독정부 수립이 추진되자, 이를 반대하는 사람들에 대한 공세가 시작되었다. 미군정에 대한 반감과 통일된 새 정부에 대한 기대가 크던 제주도민들에 대한 압박은 더욱 거세어졌다.

그러던 1948년 4월 3일, 미군정을 피해 한라산에 숨었던 사람들이 무장 항쟁을 시작했다. 무장대를 비롯한 1500여 명이 그동안 제주도민을 핍박하던 경찰서 10여 곳을 습격하고 우익 단체의 주요 인물을 공격했다. 오늘날 말하는 4·3사건이 터진 것이다.

▌연행되는 제주도민들, 1948. ⓒ 눈빛 아카이브

　미군정은 군인과 서북청년단을 더 보내 강경 진압을 시작했다. 이때 김익렬(金益烈, 1921~1988) 연대장은 진압을 거부하고 무장대의 사령관인 김달삼(金達三, 1923~1950)과 협상해 문제를 해결하려 했다. 그러나 미군정은 김익렬을 해임하며 강경한 태도로 진압 작전을 이어 간다.

　5·10선거로 남한 단독정부가 수립된 1948년 8월 15일 이후 진압이 더 잔혹해졌다. 남한 단독정부 수립 반대를 주도하던 남로당의 지휘 등으로 제주도의 선거구 세 곳 중 두 곳에서 투표수가 과반에 이르지 못했다. 이를 빌미로, 새로 들어선 남한 정부와 미군이 손잡고 제주도민을 학살하기 시작한다.

11월 17일, 이승만 대통령이 제주도에 계엄령을 내렸다. 육지에서 파견된 군경 토벌대가 조천면 교래리 주민 30명을 총살하면서 초토화 작전이라는 것이 시작되었다. 해변에서 5킬로미터 이상 떨어진 지역 사람들, 즉 한라산 중턱을 넘어선 곳에 있는 사람은 모두 폭도로 보고 제거하겠다는 것이 새 정부의 입장이었다.

돼지 치고, 감자 먹던 민간인에 대한 학살

'무장대가 한라산에 올라가 고생한다'는 영화 대사처럼 무장투쟁을 벌인 사람들이 한라산에 숨어들기도 했다. 그러나 그들은 극히 소수였고, 그보다 훨씬 많은 무고한 사람들이 중산간 지역에 마을을 만들어 평화롭게 살고 있었다. 영화에서 보이듯 이들은 그 어떤 이념이나 정치색도 없이 순박하게 돼지 치고 농사지으며 감자를 나눠 먹고 사는 민간인이었다. 중산간에서 해안으로 내려가면 산에서 내려왔으니 빨갱이라고 죽이는 마당이라, 그저 군경을 피해 몸을 숨기고 광기 어린 폭풍이 지나가기만을 기다린 순진한 사람들이었다. 그러나 이들의 바람과 달리 학살은 모질고 독하게 4개월간 계속되었다. 중산간 지역에 대한 초토화 작전으로 당시 이 지역에 있던 마을 95퍼센트가 사라졌고 2~3만 명 정도가 희생되었다.

4·3사건이라고 불리는 사건은 1954년까지 이어졌다. 중산간 지

▌ 영화 〈지슬〉의 한 장면.

역 초토화 뒤에 잠시 잦아들던 정부의 강경 진압이, 한국전쟁이 터지자 한때 시위에 동조한 사람들이 공산당에 붙을 수 있다는 이유에서 다시 시작되었다. 부역자 색출이라는 명목으로 사람들을 끌고가 학살하는 일이 많이 벌어졌다. 제주도 사람들은 누가 자신을 빨갱이로 몰지 모르는 공포 속에서 숨죽여 살았다. 그 공포의 세월이 7년이다. 한국전쟁이 끝나고 정부가 한라산에 숨어든 무장대가 거의 토벌된 이후 1954년 9월 21일, 한라산 금족령이 풀리면서 마침내 4·3사건은 종결을 맞았다.

4·3사건의 희생자 수는 오늘날까지 제대로 집계되고 있지 않다. 중산간 마을은 일가족뿐만 아니라 마을 전체가 몰살되어 희생자를 신고할 사람이 없기 때문이다. 다만 제주도민 8분의 1, 즉 3만

▎ 1949년 1월, 봉개리에서 벌어진 초토화 작전에 쫓겨 스물다섯 나이의 젊은 엄마 변병생 씨가 두 살배기 딸을 안고 오름으로 피신하지만 토벌대의 총에 맞아 숨을 거둔다. 모녀의 시신은 나중에 눈 더미 속에서 발견된다. 사진은 억울하게 희생된 모녀를 기려 제주 4·3평화공원에 설치된 '비설(飛雪)'이라는 작품이다.

명이 넘게 살해되거나 실종되었다고 추정하고 있다. 이렇게 어이없이 많은 사람이 희생되었는데도 남로당이 관련되었다는 이유로 4·3사건은 오랫동안 대한민국 역사에서 배척당했다. 그래서 희생자의 유가족들은 죄 없이 숨죽이며 긴 세월을 견뎌야만 했다.

4·3사건이 정부 차원에서 처음 언급된 것은 1998년이다. 당시 김대중(金大中, 1924~2009) 대통령이 CNN과 한 인터뷰에서 '제주 4·3은 공산 폭동이지만, 억울하게 죽은 사람들이 많으니 진실을 밝혀 누명을 벗겨 줘야 한다'고 말했다. 이듬해 국회에서는 '제주 4·3사건 진상 규명 및 희생자 명예 회복을 위한 특별법'이 통과되었고, 정부

차원에서 진상 조사에 나섰다. 그리고 2003년에는 조사 위원회의 보고서에 따라 노무현(盧武鉉, 1946~2009) 대통령이 '국가권력에 의해 대규모 희생'이 이뤄졌음을 대한민국을 대표해 인정하고 제주도 민에게 공식적으로 사과했다. 그러나 아직도 사건의 진상이 다 밝혀지지 않아 4·3사건의 상처는 아물지 않고 있다.

〈지슬: 끝나지 않은 세월 2〉는 너무나 비극적이었으나 제대로 조명되지 않던 제주 4·3사건에 대해 제주도에서 제주 사람들이 만든 독립영화라는 점에서 큰 의의가 있다. 부제 '끝나지 않은 세월'은 아마도 이 사건이 제대로 알려지지 않고 역사적인 평가를 온전히 받지 못했기에 비극이 끝나지 않고 있다는 의미일 것이다.

10

승자도 패자도 없이
오직 죽은 자뿐이었던 한국전쟁
〈고지전〉

최근 한반도는 종전 선언 추진과 이에 따른 항구적 평화 체제 구축에 대한 기대로 가득 차 있다. 종전은 전쟁을 끝낸다는 의미기에 "그동안 우리가 전쟁 상태였던가?" 하고 새삼 놀라기도 한다. 지난 65년간 구체적인 위기를 불러올 전쟁 상황이 벌어지지 않아서 사람들이 대개 잊고 있지만, 1953년 이래 한반도는 전쟁이 끝난(종전) 상태가 아니라 잠시 멈춘, 즉 정전 상태다.

남북 정치 상황과 세계정세 변화로 대치의 원인이던 이데올로기는 희미해졌지만, 65년간 남북은 한결같이 서로 적대시하며 정전 상황을 질질 끌어왔다. 이제 더는 명분이 없는 정전 상황을 청산하는 것이 한반도뿐만 아니라 세계 전체에 유익할 것이다.

한국전쟁은 발발 직후부터 1여 년간은 전선이 급변하는 전면전의 형태였지만 나머지 2년여는 애초에 그어진 군사분계선인 위도

38선을 오가며 국소전이 끊이지 않고 지속되는 교착전 양상을 띠었다. 정전협정이 맺어지기 직전까지 주요한 고지를 뺏고 뺏기면서 서로의 병력과 화력을 소모해 갔던 것이다. 영화 〈고지전〉(2011년 개봉, 감독 장훈)은 바로 이 정전협정이 맺어지던 1953년 7월 27일 직전, 고지 하나를 두고 서로 대치하다 희생되어 간 남과 북의 병사들에 대한 이야기이다.

애록고지의 모티브, 백마고지 전투

영화의 주요 무대는 동부 전선의 애록고지인데, 이 고지는 실재하지 않는 가상의 공간이다. 'KOREA'를 거꾸로 한 'AEROK'에서 애록이라는 이름을 지었다는 이야기가 있다.

1951년 중공군 참전에 따른 1·4후퇴 이후 한국전쟁은 38선을 오가는 다발적 국지전의 모습을 띤다. 그런데 이 국지전에서 희생된 병사가 300만 명이나 되었다. 한국전쟁으로 희생된 병사가 400만 명이라는 점을 생각하면, 1952~1953년에 치러진 전투가 전면전보다 더 처절하고 참혹했다고 짐작할 수 있다.

아이러니하게도 이 기간에 휴전을 위한 회담이 한창 진행되고 있었다. 한쪽에서는 전쟁을 끝내자는 회담을 진행하면서 한쪽에서는 서로 총칼을 겨눈 채 죽이고 죽임을 당한 것이다. 그 병사들 중

┃ 영화 〈고지전〉의 한 장면. 한국전쟁에서 희생된 병사가 총 400만 명인데, 1·4후퇴 이후 38선을 오가는 국지전에서 희생된 병사가 300만 명이다. 많은 수의 한국군이 고지전에서 죽은 셈이다.

대부분은 회담이 성사되면 죽지 않을 목숨이었다.

　　많은 수의 한국군이 대부분 고지전에서 희생되었다. 영화에서도 애록고지는 오전에 빼앗았다가 오후에 빼앗기고 밤에 다시 빼앗는, 그야말로 아수라장이었다고 묘사되는데 실제 전쟁 당시 고지전들도 비슷한 양상을 보였다. 애록고지는 한국전쟁 당시 남과 북이 대치하던 수많은 고지를 상징하는데, 특별히 가장 치열한 전투를 벌인 중서부 전선의 백마고지 전투에서 주요 모티브를 따왔다고 한다. 영화는 극적인 전개를 위해 애록고지 전투가 1953년 7월 정전협정을 바로 눈앞에 두고 북한군을 상대로 치러졌다고 설정하지만,

실제 백마고지 전투는 이보다 앞선 1952년에 벌어졌으며 상대는 중공군이었다. 백마고지가 애록고지의 모델이 된 것은, 그곳에서 겨우 열흘 동안 스물네 차례나 고지의 주인이 바뀌고 엄청나게 많은 사람이 희생되었기 때문이다.

강원도 철원군 철원읍 북서쪽 비무장지대(DMZ) 안에 있는 백마고지는 해발 395미터 정도 되는 야트막한 고지로, 그 고도를 이름 삼아 395고지라고도 한다. 이곳에서 벌어진 치열한 고지전의 극심한 포격 탓에 산등성이가 하얗게 벗겨졌는데, 그것을 하늘에서 보면 마치 백마가 누운 듯해서 '백마'고지라고 부르게 되었다는 말이 있다.

1950년 6월 25일부터 1년 동안 누가 승자고 누가 패자인지 가릴 수 없을 만큼 별 성과를 거두지 못하고 소모전만 이어 가던 한국전쟁은 1951년 7월부터 정전을 위한 회담을 시작했다. 그러나 기존 38선을 군사분계선으로 정하자는 북한 측과 달리 유엔군은 정전협정이 체결되는 시점의 전선을 군사분계선으로 정하자고 주장했다. 결국 조금이라도 더 많은 땅을 정전협정 전에 확보하려는 양측이 한편에서는 회담, 한편에서는 전투를 이어 나갔다.

당시 백마고지는 한국 제9사단이 방어하는 지역이었다. 1952년 10월 6일, 중공군이 이 고지를 차지하고 남하하기 위해 포탄 2000여 발을 투하하며 공격해 일명 백마고지 전투가 시작되었다. 한국군 입장에서는 중부 전선의 심장부라고 할 수 있는 철원평야와 서

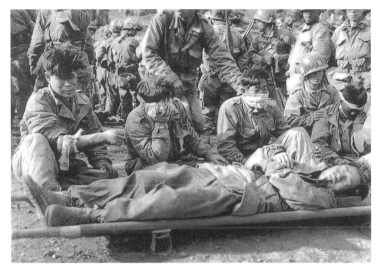

▍ 백마고지 전투에서 부상으로 후송된 국군 병사들(철원, 1952. 10. 8). 미 국립문서기록보관청 소장.

울을 연결하는 요충지였던 백마고지에서 중공군을 막아 내지 못하면 어디까지 밀릴지 모를 상황이었다.

10월 6일부터 15일까지 열흘간 스물네 차례나 고지의 주인이 바뀌면서 치러진 전투 상황은 처참했다. 하루에도 몇 차례 주인이 바뀌는 전투로 양쪽 모두 엄청난 희생을 치렀다. 수많은 사상자를 낸 백마고지 전투는 한국군 제9사단이 중공군을 격퇴하는 것으로 끝났다. 이 전투에서 발사된 포탄이 한국군은 21만 9954발, 중공군은 5만 5000발이었다. 한마디로 작은 산 하나를 포탄으로 초토화해 버린 것이다. 중공군은 1만여 명이 죽거나 다칠 만큼 막대한 타격을 입었고, 한국군의 사상자도 3400여 명이었다.

정전협정 전후

〈고지전〉에서 애록고지의 병사들은 전쟁을 위한 전쟁에 희생되다가 마침내 누가 적인지 누가 아군인지도 모를 위험한 균형 상태에 놓인다. 판문점에서 하루라도 빨리 정전협상이 맺어져 그대로 총을 놓고 싶은 병사들은 무리한 전투를 명령하는 중대장을 죽이고 위태로운 평화를 이어 간다. 이런 상황에서 방첩대 중위 강은표(신하균 분)가 전임 중대장이 죽은 이유를 알아내기 위해 파견된다.

유약해서 전사했을 것이라고 생각한 친구 수혁(고수 분)은 산전수전 다 겪은 베테랑 전사가 되어 나타나서는 전쟁을 조롱하고, 열아홉 살짜리 대위 일영(이제훈 분)은 자기가 살기 위해 전우를 사살하고 도망쳐서 생긴 트라우마로 약에 절어 있다. 전쟁의 의미를 누구보다 잘 아는 듯하던 적군의 우두머리 현정윤(류승룡 분)은 전쟁을 왜하고 있는지 답을 잊어버렸고, 오로지 살기 위해 공포 속에서 방아쇠를 당기는 '2초' 태경(김옥빈 분)은 되레 한국군에게 공포의 대상이 되어 있다. 모든 것이 혼돈 그 자체인 고지 한가운데서 남북의 병사들은 서로가 아니라 전쟁과 싸우고 있다.

영화에서 수혁은 왜 빨리 정전협정이 맺어지지 않느냐며 분노한

▌〈고지전〉에서 악어 중대의 실질적인 리더인 수혁(고수 분)과 전임 중대장 사망 사건을 조사하러 파견된 방첩대 중위 은표(신하균 분).

다. 3년간 동료들의 죽음을 지켜보면서 전쟁이 무의미하다는 것을 알게 된 그에게는 전쟁이야말로 가장 큰 적이다.

1951년 7월 정전회담이 시작된 이래 전쟁터의 수많은 병사는 〈고지전〉의 병사들처럼 정전 소식만을 기다렸을 것이다. 이미 전쟁을 끝내기로 양측 모두 동의했으면서도 회담은 여러 문제로 결렬되거나 연기되었다. 그사이 수많은 젊은 목숨이 이름 모를 고지에서 죽음을 맞았다.

한국전쟁 초기 전면전 이후 몇 개월간 지루한 국지전만 계속되자, 전쟁에 개입한 강대국들이 소모전을 더는 이어 갈 수 없다고 판단하고 정전을 원했다. 1951년에 소련이 유엔 주재 소련 대표 말리크(Y. A. Malik)를 통해 정전을 제의했고, 유엔군 사령관 리지웨이(M. B. Ridgway)가 이를 받아들였다. 1951년 7월 8일, 첫 정전회담이 개성에서 열렸다. 그러나 이 회담은 전쟁에 대한 양측의 피로감에 비해 빨리 진행되지 않았다. 특히 군사분계선을 정하는 문제로 공산군과 유엔군의 의견이 엇갈렸고, 포로 교환 문제도 난항을 거듭했다. 정전회담은 1951년 7월 8일 시작된 연락장교 회의부터 1953년 7월 27일 휴전협정 조인까지 무려 25개월이나 걸렸다. 본회의가 159회 열리고 소위원회가 500여 회 모이는 등 너무나 지루하고도 힘든 과정이었다. 그 와중에 남한 단독선거로 대통령이 된 이승만이 완강히 통일을 주장하며 정전협정을 방해했다. 그 25개월간 한반도 중부지방 각지의 고지에서는 한국군과 북한군뿐만 아니라 전 세계에서 온 수많은 젊은 목숨이 스러져 간 것이다.

1953년 7월 27일 159차 본회의에서 유엔군 수석대표 해리슨(W. Harrison) 중장과 북한과 중국 측 대표 남일(南日, 1914~1976)이 3조 63항의 휴전 조인문에 합의, 서명함으로써 마침내 정전이 이루어졌다. 이로써 3년 1개월에 걸친 한국전쟁은 누구의 승리도 패배도 없이 초토화된 국토와 수많은 죽음을 남긴 채 중단된다.

군사분계선은 정전협정이 맺어진 1953년 7월 27일 오전 10시를 기준으로 열두 시간 뒤인 밤 10시에 각자 차지한 땅을 서로 인정하고 긋기로 했다. 〈고지전〉의 끝부분에 고지를 차지하기 위해 남과

북의 병사들이 그간의 위태로운 평화를 깨고 싸우는 장면은 바로 이 조항을 근거로 만들어졌다. 그러나 이런 영화의 결말과 달리, 실제 정전협정 뒤 열두 시간 동안 남북 양측의 군사 충돌은 없었다고 한다.

이때 정해진 군사분계선이 바로 오늘날의 휴전선이다. 정전협정에 따라 휴전선의 후방 4킬로미터까지 비무장지대가 설치되었으며 군사정전위원회와 중립국감시위원회가 구성되었다. 정전협정의 정식 명칭은 '국제연합군 총사령관을 일방으로 하고 조선민주주의인민공화국 최고사령관 및 중공인민지원군 사령원을 다른 일방으로 하는 한국 군사 정전에 관한 협정'이다. 이 긴 명칭에 협정 당사자 중 한국의 군 통수권자가 빠져 있다. 당시 대통령 이승만이 뒤늦게 통일을 주장하며 끝까지 서명하지 않았기 때문이다. 이승만의 이 비외교적이며 근시안적인 일탈 때문에 한국전쟁에 대한 정전협정을 평화협정으로 대체할 때 한국이 당사자인지 여부가 오랫동안 논란을 일으켰다. 오늘날 남북이 평화협정을 맺을 때 미국이나 중국이 개입하려는 것도 1953년 7월 27일에 맺어진 정전협정에 근거한다.

영화에서 북한군 현정윤은 싸우는 이유가 뭐냐고 묻는 강은표에게 이렇게 말한다. "내래 그 이유를 확실히 알고 있었어. 근데 너무 오래돼서 잊어버렸어……."

영화 속 현정윤의 대사와 다른 의미지만, 현재 한반도의 현실이 이렇지 않을까? 한국전쟁이 일어나고 수많은 사람이 피를 흘린 이유가 분명 1950년 당시에는 있었을 터다. 그러나 이제 전쟁의 이유는 잊어도 무방하다. 종전 그리고 평화의 이유를 확실히 알아야 할 때가 도래하기 때문이다.

11

이제는 사라지길 꿈꿔 보는

〈공동경비구역 JSA〉

2018년, 남북이 세계가 지켜보는 가운데 평화를 향한 위대한 발걸음을 시작했다. 4월 27일에 열린 첫 남북정상회담에서 두 정상이 보여 준 인간적이고 허심탄회한 모습에 세계는 통일된 한반도의 평화로운 봄을 기대했다. 이 회담은 5월 26일 두 번째 판문점 남북정상회담과 6월 12일 싱가포르에서 열린 사상 첫 북미정상회담에 이어 9월 19일 평양에서 세 번째 남북정상회담을 통한 공동선언에 이르는 흐름의 물꼬를 텄다. 바야흐로 한반도의 항구적 평화를 예견할 상황에 이른 것이다.

　그러나 어쩌면 지난 70여 년의 분단은 남과 북에게 쉽사리 통일의 길을 열어 주지 않을 수도 있다. 분단은 타의로 이루어졌지만 통일만은 우리 민족의 의지와 노력으로 함께 이루어야 하기에 헤쳐 나가야 할 난관도, 문제도 많을 것이다. 그래도 수많은 사람이 한반도가 힘든 고비를 넘기고 끝내 하나가 되기를 진정 고대하고 있다.

2018년 남북정상회담이 두 차례 열린 역사적인 장소는 판문점이다. 흔히 판문점이라고 부르지만 이곳은 1953년 10월 군사정전위원회 본부 구역의 군사분계선상에 설치한 동서 800미터, 남북 400미터 장방형의 공동경비구역(JSA)을 말한다.

공동경비구역의 한가운데에서 남북 정상은 손을 맞잡고 군사분계선의 남측과 북측을 오가는 퍼포먼스를 벌이기도 했다. 공동경비구역의 군사분계선은 한반도 분단의 상징과도 같다. 이 분계선은 그야말로 한번 넘어서면 그만인 낮은 턱에 불과하지만 이 턱을 두고 오랜 세월 남과 북의 병사들은 마주 보며 대치했다. 이런 대치의 역사를 배경으로 서로 말과 글이 통하기 때문에 감정도 쉽게 통하는 남북 젊은이들의 가슴 아픈 우정을 그린 영화가 〈공동경비구역 JSA〉(2000년 개봉, 감독 박찬욱)다.

남북이 대치한 공동경비구역에서 꽃핀 우정

영화 〈공동경비구역 JSA〉는 판문점 공동경비구역에서 발생한 남북 병사의 총격 사건을 중립국 감시위원단의 책임수사관 소피(이영애 분)가 수사해 가는 추리극 형식을 띠고 있다. 대개 대치나 갈등 상황에서 벌어진 사건은 그 진실을 알면 알수록 잔혹한 상황에 부

대한민국이 잊지 못할 최고의 명작

공동경비구역 JSA

▍〈공동경비구역 JSA〉의 마지막 장면. 남측 병사 이수혁(이병헌 분)과 북한군 오경필(송강호 분), 정우진(신하균 분)은 공동경비구역의 짧은 거리를 두고 오랫동안 보초를 서며 피차간에 얼굴이 익은 상태였다.

딮치게 되는데, 이 영화는 다르다. 총격전이 일어나기 전, 남북 젊은이들이 빛나는 우정을 나누며 아름답고 순수한 시간을 함께했다는 사실이 차츰 밝혀지면서 소피는 한반도 분단의 아이러니한 현실을 아프게 알아 간다.

사건은 인간의 과오가 아니라 같은 민족이 서로 분단되어 대치하는 상황 때문에 벌어졌다. 비무장지대를 수색하다 지뢰밭에 낙오한 남측 병사 이수혁(이병헌 분)이 북한군 오경필(송강호 분)과 정우진(신하균 분)의 도움으로 목숨을 건진다. 공동경비구역의 짧은 거리를 두고 오랫동안 마주 보며 보초를 선 이들은 피차간에 얼굴이 익은

▌〈공동경비구역 JSA〉는 판문점 공동경비구역에서 발생한 남북 병사의 총격 사건을 중립국 감시위원단의 책임수사관 소피(이영애 분)가 수사해 가는 추리극 형식을 띤다.

상태였다. 누가 먼저랄 것 없이 서로 호감을 느꼈다. 그리고 이수혁이 용기를 내 군사분계선을 몰래 넘어 북쪽 초소에 찾아들면서 이들의 우정이 시작되었다. 말이 통하고 글이 통하고 서로 얼굴을 알기에 우정은 분단이라는 장애물과 상관없이 아름답게 깊어진다. 하지만 이들 사이에 놓인 정치적 현실은 엄혹했다. 분단은 남과 북, 이념을 초월한 젊은이들의 비밀스러운 우정을 보듬어 주지 못하고 끝내 궁지로 내몬다.

분단의 상징, 판문점

공동경비구역은 1953년에 한국전쟁이 휴전으로 일단락된 뒤 만들어졌다. 우리 측 행정구역으로는 경기도 파주시 진서면이고 북한 측 행정구역으로는 개성직할시 판문군 판문점리에 해당한다. 영화 제목의 JSA는 이곳 공동경비구역을 뜻하는 영어(Joint Security Area)의 약자다. 원래 비무장지대에서 남과 북이 공동으로 경비한다는 이 지역이 어쩌다 첨예한 대치 상황을 상징하는 곳이 되었을까?

판문점은 서울에서 북으로 약 50킬로미터, 개성에서 동쪽으로 10킬로미터 정도 되는 지점에 있다. 북위 37도 57분 20초, 처음에 한반도를 가른 38선과 가깝다. 한국전쟁 전에는 네 가구 정도가 살던 이곳이 세계적으로 유명해진 것은 한국전쟁이 벌어지고 1년여 뒤인 1951년 10월 25일에 이곳에서 휴전회담이 열리면서부터다.

1950년 6월 25일에 터진 한국전쟁은 초기에 북한군이 한 차례 남쪽을 휩쓸고 내려왔다가 같은 해 9월 인천상륙작전 이후 미군과 한국군을 중심으로 한 유엔군이 북쪽으로 올라갔는데, 이듬해 1월 중공군이 참전하면서 유엔군이 다시 남쪽으로 밀려 내려온다. 이때부터 38선을 사이에 두고 2년 넘게 지루한 소규모 전투가 거듭되었다. 전투의 규모는 그 전에 비해 작았지만 고지 하나를 두고 서로 옥신각신 싸우는 소모전이기 때문에 피해는 더 컸다. 한국전쟁의 희생자 대부분이 이 2년간의 국지전에서 나왔다. 결론이 나지 않는 전쟁을 멈추기 위한 회담은 판문점에서 일찌감치 시작되었지만, 팽팽한 의견 대립과 이해관계 탓에 휴전은 쉽사리 결정되지 않았다. 그러는 동안 한반도 각지에서 전쟁이 멈추기를 기다리면서도 싸울 수밖에 없는 젊은이들이 아깝게 희생된 것이다.

처음에는 휴전회담을 널문(板門)마을에 천막을 치고 그 안에서 했다. 마을 이름을 한자로 옮긴 것이 오늘날 우리가 쓰는 지명 판문점이다. 휴전협정은 본회의 159회를 비롯해 총 765회에 이르는 각종 회의를 거치고야 1953년 7월 27일에 마무리되었다. 그다음 달부터 9월 초까지 이어진 포로 교환도 이곳에서 진행되었다.

휴전회담이 끝나자 휴전협정 조인을 위하여 약 200평의 목조건물을 판문점 마을 부근에 세웠다가 10월에 지금의 위치로 공동경비구역이 변경되었다. 이곳은 1953년 10월부터 연합군 측과 북한 측의 '공동경비구역(JSA)'으로 결정되었다. 이 지역의 면적은 가로 세로 1킬로미터 남짓한 타원형으로 한복판에 지난 4월 27에 남북 정상이 넘나든 군사분계선, 즉 휴전선이 있다. 최초의 회담 장소인 널문마을과 휴전협정 조인 장소는 지금 위치보다 800미터 정도 북쪽인 북한 측 비무장지대에 있다.

1953년의 7월에 맺은 협정은 어디까지나 종전이 아니라 휴전을 결정한 것이기 때문에 전쟁이 일어날 경우를 가장 민감하게 대비해야 하는 지역인 판문점은 애초에 간이 건물을 유지했다. 그러나 휴전 상태가 길어지면서 남과 북이 갖가지 사무에 필요한 건물을 짓

기 시작했다. 지금은 군사정전위원회 본회의실과 소회의실 및 중립
국감독위원회 회의실을 사이에 두고 남쪽에 자유의집과 평화의집,
북쪽에 판문각과 통일각이 있다.

처음 판문점에 공동경비구역이 만들어질 때는 군사분계선이 그
어져 있지는 않았다. 남과 북의 관리 지역이 어느 정도 나뉘어 있지
만, 공동경비구역이라는 말대로 남과 북이 함께 경비하는 구역이기
때문에 군사분계선을 긋고 보란 듯이 대치하지는 않은 것이다. 이
런 상황이 달라진 것은 '미루나무 도끼 만행 사건' 때문이다.

공동경비구역 대치의 계기, 미루나무 도끼 만행 사건

1976년 8월 18일 오전, 공동경비구역의 유엔군이 한국 노동자들의 미루나무 가지치기 작업을 호위하고 있었다. 유엔군 측에서 북한군 초소를 감시할 때 미루나무가 시야를 가렸기 때문이다. 나무가 유엔군 측 지역에 있어서 북한 측이 가지치기에 대해 왈가왈부할 여지는 없었다. 그러나 북한 측이 자신들을 감시하기 위해 가지를 치는 데 불만을 품고 이를 저지하려고 했다. 유엔군 측이 이를 무시하고 작업을 계속 진행하자 북한군 수십 명이 도끼를 휘두르며 미군 장교 두 명을 죽였다.

이 일로 한반도는 극도의 긴장 상태에 놓인다. 한국과 미국이 북한과 전쟁이라도 치르겠다며 준비 작업에 들어갔다. 북한의 김일성이 유감을 나타내는 사과문을 유엔군 측에 보내면서 사건은 정리되는데, 바로 다음 달인 9월부터 공동경비구역에 남과 북을 가르는 군사분계선이 설치되고 남북이 마주 보며 대치하게 되었다.

영화 〈공동경비구역 JSA〉는 공동경비구역 내 대치 상황이 엄중할 때를 배경으로 하고 있다. 북한군 오경필이 1990년에 세상을 떠난 남쪽 가수 김현식의 노래를 들으면서 그의 죽음을 안타까워하는 장면이 있는데, 이를 통해 영화의 배경을 1990년대 초반으로 짐작할 수 있다.

┃ 판문점 도끼 만행 사건(1976)으로 공동경비구역에 군사분계선이 설치되고 남북이 대치하게 된다. 제공: 국가기록원

판문점 중립국감시위원회의 활동

영화에서는 공동경비구역에서 일어난 총기 사건의 수사를 한국계 스위스 군인 소피에게 맡긴다. 왜 남북 문제를 스위스 군인이 조사하는가라는 의문이 남을지도 모르겠다.

판문점에는 남북 사이에 일어난 일을 어느 한쪽에 치우치지 않고 공정하게 조사한다는 뜻에서 한국전쟁 휴전협정이 체결되자마자 만들어진 중립국감시위원회가 있다. 소피가 여기 소속된 것이다. 영화에서 자세히 다루진 않지만 소피는 스위스로 입양된 한국인으로 보인다. 한국어를 할 줄 아는 한국 핏줄이지만 중립국감시위원회에 소속된 스위스 군인으로서 한국의 분단 상황에 맞닥뜨리는 점에서 아이러니한 인물이다.

중립국감시위원회는 1953년 7월 한반도 정전협정 체결과 동시에 협정을 제대로 준수하는지 감시하기 위해 만들어졌다. 영화에서처럼 남과 북 사이에 문제가 생겼을 때 누가 먼저 정전협정을 어겼는지 공정하게 조사하고 판단하는 것이 위원회의 업무다.

위원회가 처음에 만들어질 때 국제연합(UN) 측이 추천한 스웨덴, 스위스와 공산권이 추천한 폴란드, 체코슬로바키아가 참여했다. 영화에서 소피가 스위스 군인으로 설정된 것은 이 때문이다.

위원회의 활동은 포로 교환 상황에서 가장 적극적이었다. 1954년 이후에는 두드러진 활동이 없지만, 공식적으로 종전이 선언될 때까지 휴전 상황을 감시해야 하기 때문에 1953년 이후 2018년 현재까지 65년째 판문점에서 업무를 수행하고 있다. 다만, 1990년대 공산권의 몰락에 따라 폴란드와 체코를 북한이 중립국으로 인정하지 않으면서 두 나라는 물러나고 지금은 스위스와 스웨덴만 남았다.

이들은 한반도 분단 상황의 산증인으로서 남북 대치 상황이 화해로 나아가는 과정을 가장 가까이에서 지켜보고 있다. 휴전이 종전으로 그리고 평화로 발전하기를 기다리는 셈이다.

분단을 넘어 평화와 화해의 상징으로

판문점이 남북 분단의 상징이지만 분단과 대치만의 장소는 아니었다. 극복해야 할 분단의 상징이기 때문에 이곳에 남북 대화의 창구가 마련되기도 한 것이다.

지난 4월 27일에 남북 정상이 함께 발표한 '판문점 선언'이 있기까지 판문점에서는 남북 화해를 위한 많은 시도와 선언이 이루어졌다. 판문점에서 남북이 처음 소통한 것은 휴전 후 20년이 채 안 된 1971년 8월의 남북적십자 예비회담이고 다음 해 7월에는 7·4남북 공동성명이 있었다. 그러나 이 성명은 냉전 시대의 대치 상황 속에서 좌초하고 말았다. 그 뒤 남북 간 소통과 화해의 시도는 대부분 판문점에서 이루어졌다. 그것들이 때로는 성과는 거두고 때로는 무산되고 때로는 서로를 적대시하며 끝났지만, 결국 오늘날 '판문점 선언' 발표에 이르렀다.

판문점 공동경비구역은 2018년 9월 평양에서 열린 3차 남북정상회담에서 나온 '9·19군사분야합의서'에 따라, 총기를 휴대하지 않은 각각 35명의 경비 병력이 '판문점 민사 경찰'이라는 동일한 완장을 차고 함께 일하게 될 것이다. 영화에서처럼 군사분계선을 사이에 두고 대치하는 상황은 이제 끝났다.

지난 세월 판문점 회담들의 실패를 극복하고 휴전이 아니라 종전의 시대, 평화의 시대를 맞이하려면 과거와 다른 차원의 엄청난

▎ 2018년 4월 27일, 손을 맞잡은 문재인 대통령과 김정은 국무위원장이 판문점 중립국감독위원회 회의실 사이 군사분계선 북측 지역으로 넘어가 대화하고 있다. ⓒ 경향신문

노력이 필요할지 모른다.

　드넓은 비무장지대를 사이에 두지 않고 지척에서 서로를 바라보았기 때문에 영화에서 이수혁과 오경필은 빨리 친해지고 서로가 다르지 않음을 알아 갔다. 남북 관계도 그럴 것이다. 심리적인 거리감을 좁히는 일은, 자주 만나 얼굴을 맞대면서 서로 다르지 않음을 알아 가고 서로 취향과 삶을 존중하는 데서 시작되지 않을까?

12

독재 정권을 견딘 소시민들의 우화

〈효자동 이발사〉

4월은 오늘날 한국 사람들에게 많은 생각을 안겨 주는 달이다. 무능하고 악랄한 정권하에서 300여 명의 아까운 목숨을 잃어버린 세월호 사고가 있었고, 그보다 훨씬 전에는 4·3사건과 4·19혁명이 일어난 달이기 때문이다. 이 세 사건은 앞으로 우리가 어떤 나라를 만들어야 할지 고민하게 하는, 한국 현대사에서 결코 잊을 수 없는 일들이다. 특히 4·19는 국민의 힘으로 독재 정권을 타도하고 민주주의를 되찾은 뜻깊은 혁명이었지만, 1년 뒤 박정희(朴正熙, 1917~1979)의 쿠데타에 짓밟히는 미완의 혁명으로 끝나 지금까지도 많은 시사점을 준다.

한국 영화계는 그간 현대사의 굵직한 일들을 영화로 만든 경우가 많았다. 하지만 1960년 4·19혁명에 대한 영화는 놀라울 정도로 없다. 2004년에 개봉한 〈효자동 이발사〉(감독 임찬상)가 주인공의 인

생을 따라가면서 4·19혁명 속의 주인공을 다소 희화화하여 다룬 것이 거의 유일하다고 할 수 있다.

이승만 독재 정권의 황당한 사사오입 개헌

〈효자동 이발사〉는 청와대 앞 효자동에서 이발소를 하는 성한모 (송강호 분)와 그 가족이 4·19혁명을 거쳐 5·16쿠데타를 목격하고 기괴한 박정희 독재 정권을 견뎌 낸 이야기를 우화적으로 다뤘다. 영화에서 4·19혁명일은 성한모의 외아들인 낙안(이재응 분)이 태어난 날이다. 영화에서 직접 언급하지는 않지만, 낙안은 4·19혁명이 낳은 민주주의를 상징하는 것으로 보인다.

성한모에게 거의 겁탈당하다시피 해서 아이를 가진 낙안의 어머니(문소리 분)는 낙안을 낳고 싶어 하지 않는다. 그러나 성한모는 당시 이승만 독재 정권의 어이없는 '사사오입 개헌'을 끌어대면서 출산을 설득한다. 사사오입은 반올림을 뜻하는 옛말이다. 즉 4 이하의 수는 버리고 5 이상의 수는 윗자리에 1을 더하듯, 태중에 5개월이 된 낙안은 한 사람으로 인정되니 반드시 낳아야 한다는 것이 성한모의 주장이다. 1950년대에는 반올림보다 사사오입이라는 말을 더 많이 썼다. 그래서 1954년에 집권당이던 자유당이 황당하게 사사오입을 주장하면서 정족수도 못 채운 개헌안을 통과시킨 것이 '사사오입 개헌'으로 알려졌다. 이 개헌은 이승만 정부의 독재를 연장해 종신 집권을 가능하게 한, 민주주의 유린 사건이다.

1948년에 정부가 수립되면서 간접선거로 초대 대통령이 된 이승만은 1952년 한국전쟁 중에 국회의원을 통한 간접선거로는 재선이 어렵다고 판단해서 무리하게 대통령 직선제로 개헌했다. 그리고 전쟁이라는 혼란 상황과 국민 의식이 미성숙한 상태에서 재선에 성공했다. 당시 헌법으로 대통령은 2회까지 연임이 가능했기에 1954년 이승만은 마지막 임기 중에 있었다. 이승만의 영구집권을 꾀하기 위해 여당인 자유당은 초대 대통령에 한해 중임 제한을 철폐한다는 어처구니없는 헌법 개정안을 국회에 제출했다.

1954년 11월 27일 국회에서 이를 표결에 부친 결과, 재적 인원 203명 중 찬성 135표, 반대 60표, 기권 8표가 나왔다. 개헌에 필요한 찬성표는 재적 인원의 3분의 2인 136이다. 즉 한 표 차이로 영구 집권을 할 수 없게 된 것이다. 그러나 자유당은 결과에 승복하지 않았다. 어떻게 해서든 이승만 정권을 연장하기 위해, 인하공대 학장과 서울대 교수를 불러들여 135표만으로 개헌 찬성을 만들어 내도록 했다. 그래서 이들이 내놓은 의견이 사사오입이다. 203명의 3분의 2는 135.333……인데 0.333……이라는 소수점 이하의 수는 한 사람으로 볼 수 없으니 사사오입하면, 203명의 3분의 2는 135명이 된다는 억지 주장을 폈다. 이렇게 자유당이 부결 선언을 번복하고, 1954년 11월 29일에는 개헌안 가결을 선포했다. 영화에서 태아인 낙안이 5개월이 되었으므로 0.5 이상이니 한 명의 인간으로 칠 수 있다는 성한모의 주장이 이렇게 나왔다.

사사오입 개헌은 우리 헌정사상 치욕적인 사건이다. 이 개헌 파동으로 자유당 소장파 의원들이 무더기로 탈당하는 한편, 민국당은 무소속 의원들을 규합해 '호헌동지회'를 구성하며 새 야당인 민주당(현 더불어민주당)을 창당하는 계기를 만들었다.

영화에서는 시기상 몇 년의 시차는 있으나 사사오입을 끌어 대어 낙태를 면한 낙안의 존재를 자유당에 반대하는 민주 세력의 상징으로 삼은 것이 아닌가 한다.

| 사사오입 개헌안이 통과되자 무소속 의원 이철승(李哲承)이 단상에 뛰어올라 국회부의장 최순주(崔淳周)의 멱살을 잡은 장면.

민주주의를 가져온 4 · 19혁명

낙안이 태어난 4월 19일, 성한모는 출산을 앞둔 아내를 병원으로 옮기려고 동분서주하다가 시위 행렬에 휘말린다. 이때 그가 이발사 복장인 하얀 가운을 입은 탓에, 정부가 시위대를 향해 쏜 총에 다친 사람들을 돕는 의로운 의사로 오인되어 영웅시된다. 이렇게 영화는 혁명 당시 상황을 그대로 재현하지 않고 다소 희화적으로 그린다. 이는 영화의 가벼운 분위기를 유지하려는 뜻도 있겠지만, 엄청난 역사적 상황의 한가운데 놓인 개인이 역사를 인식하는 범위나 깊이를 풍자적으로 나타내기 위해서인 듯하다.

4·19혁명은 1948년 정부 수립 이후 12년간 부정한 방법으로 독재한 이승만 정권을 타도하려는 국민적 항거였고 우리 헌정사상 처음으로 국민이 승리한 민주주의 혁명이다. 사사오입 개헌을 통해 마음대로 대통령 선거에 나설 수 있게 된 이승만은 1960년 선거에도 출마했다. 당시 이승만에 맞선 민주당의 대통령 후보는 조병옥(趙炳玉, 1894~1960)이다. 1960년 1월 말 조병옥은 대통령 후보 등록까지 마치고 갑자기 발병하여 미국 월터리드육군병원에 입원했다가 불과 선거를 한 달 정도 남겨 두고 심장마비로 사망한다. 조병옥의 사망으로 대통령 선거는 이승만이 단독 후보로 나온 상태라 사실상 무의미해졌고, 결국 선거는 부통령을 뽑는 선거전으로 양상이 바뀌었다.

민주당의 대통령 후보는 사망했어도 부통령 후보 장면(張勉, 1899~1966)이 건재했다. 이승만은 부통령 자리에 자신이 총애하는 이기붕(李起鵬, 1896~1960)을 당선시키기 위해 대대적인 선거 부정을 저질렀다. 중립을 지켜야 할 공무원들이 선거 운동망을 조직해 자유당을 위한 선거운동에 나섰고, 경찰은 경찰대로 자유당의 선거운동을 독려했다.

그러고도 불안을 느낀 자유당은 민주주의 사회에서 상상도 할 수 없는 일을 저지른다. 3월 15일에 치른 선거에서 반공개투표, 야당 참관인 축출, 투표함 바꿔치기, 득표수 조작 발표 등 갖가지 부

┃ 4 · 19혁명에 참여한 여학생 시위대. ⓒ 경향신문

정을 저지르며 이기붕을 부통령으로 당선시킨 것이다.

　결국 더는 참을 수 없던 시민들이 들고일어났다. 3월 15일 마산
에서 시민과 학생들이 부정선거를 규탄하는 시위를 벌였는데, 정부
가 이를 폭력으로 진압하고 주동자를 공산당으로 몰면서 공포 분위
기를 만들었다. 이 와중에 마산 시위에서 실종되었던 고등학생 김
주열(金朱烈, 1943~1960)이 눈에 최루탄이 박힌 참혹한 시신으로 4월
11일 마산 앞바다에 떠올랐다. 시민들은 분노했다. 게다가 4월 18
일에는 고려대 학생들이 시위를 벌이고 돌아가다 정부의 지시를 받

은 정치 폭력배에게 폭행당해 10여 명이 부상당하는 사건이 일어난다. 국민들의 분노는 걷잡을 수 없이 커졌고, 4월 19일에는 전국의 시민과 학생이 총궐기해 "이승만 하야!"와 "독재 정권 타도!"를 외치며 거리로 나섰다. 정부는 비상계엄령을 선포하고 시위대를 향해 총을 쏘았다. 사망자가 100명, 부상자 450명에 달했다.

국민들은 정부의 진압이 강해질수록 더욱더 분노했고, 시위 규모는 점점 더 커졌다. 일반 시민뿐 아니라 각계각층의 지도자급 인물들도 시위에 동참하여, 4월 19일에 전국적으로 일어난 시위는 1주일이 넘도록 계속되었다. 마침내 4월 26일, 이승만이 하야를 선언하고 미국으로 망명했다. 국민들은 12년간 독재와 각종 부정부패로 얼룩진 이승만 정권을 끌어내리고 민주주의를 쟁취했다.

5·16쿠데타에 짓밟힌 민주주의의 꽃

〈효자동 이발사〉는 이승만 독재기를 거쳐 4·19혁명을 다루지만, 영화의 전반적 배경은 5·16쿠데타로 들어선 박정희 정권 치하 18년간이다. 청와대와 가까운 효자동에서 이발소를 하던 주인공 성한모가 대통령 박정희의 머리를 깎으면서 겪는 아이러니한 일이 영화의 대부분을 차지한다.

4·19혁명으로 민주주의를 쟁취한 국민들은 이듬해 군부에서

〈효자동 이발사〉의 배경은 박정희 정권 18년 간이다. 효자동에서 이발소를 하던 성한모가 박정희 대통령의 머리를 깎으면서 겪는 일이 영화의 내용이다.

일으킨 5·16쿠데타로 좌절한다. 4·19혁명 이후 우리나라는 이승만 정권 밑에서 억눌렸던 여러 주장이 한꺼번에 쏟아져 나오면서 민주주의의 꽃을 피우고 있었다. 정부 수립 12년 만에 다양한 의견이 개진되고 서로 갈등하고 조정하면서 합의에 이르는 방식을 알아가는 중이었다. 그런데 일부 군부 세력은 이를 민주주의적 절차로 보지 않고 사회 혼란으로 단정하여 권력을 잡을 기회로 삼았다. 당시 계급이 소장이던 박정희가 군대 내 동기와 후배를 모아서 1961년 5월 16일 쿠데타를 일으킨 것이다. 쿠데타를 일으킨 군인들은 헌법의 효력을 중단하고, 국가재건최고회의를 구성해 2년 6개월 동안 군정을 실시했다.

| 5.16쿠데타 직후 시청 앞 광장에 선 박정희.

영화는 이와 비슷한 분위기를 조성할 뿐 쿠데타 상황을 구체적으로 보여 주거나 박정희의 이름을 언급하지 않는다. 영화가 개봉한 2004년에는 전 대통령의 이름을 직접 밝히고 그 과오를 비판하기가 오늘날에 비해 심정적으로 부자유스러웠던 것이 아닌가 한다.

쿠데타 직후 박정희는 사회가 안정되면 정권을 민간인에게 돌려주겠다고 호언장담했다. 그러나 군정 뒤에 스스로 제대해 민간인이 되고는 민주공화당의 대통령 후보로 출마해 대통령이 되었다. 그리고 여러 차례 헌법을 불법적으로 개정하고 민주 세력을 탄압하면서 장장 18년간 집권했다. 그 18년간 우리나라 전체는 마치 군대처럼 시키는 대로 하지 않으면 죽음을 각오해야 했고, 좀 더 나은 세상을 꿈꾸면 반역자나 빨갱이가 되었다. 폐쇄적인 군대식 조직은 상류층의 경제적 부정부패를 감싸면서 소시민들의 희생을 강요했다.

영화에서 성한모는 5·16쿠데타 이후 내려진 중고생 삭발령으로 호황을 누린다. 1960~1970년대 당시 정부의 과오나 부패, 자유 억압 등을 인식하지 못하고 전보다 약간 더 나아진 경제적 여유에 군사정권을 지지하던 소시민들의 초상이 성한모에게 투영된다. 영화에서는 그의 이런 역사의식 부재가 결국 간첩 사건에 휘말린 아들에게 부메랑처럼 돌아오는 것을 보여 주면서 군사정권 치하 소시민들이 결국 모두 피해자였음을 이야기한다.

〈효자동 이발사〉는 우리나라 현대사 전반을 가장이 이발사인 소시민 가족의 모습을 통해 보여 준다. 14년 전 영화인 만큼 역사적 해석이나 관점이 요즘과는 다소 다른 점을 찾아보는 재미가 쏠쏠하다. 역사의 무게에 짓눌리지 않으려고 영화의 톤을 가볍게 했는데, 이 또한 당시의 사회적 분위기와 연결해서 보는 재미를 준다.

13

청춘의 순수한 사랑조차 힘겹게 한
1969년 여름

〈그해, 여름〉

20여 년 전까지만 해도 여름이면 대학생들이 소위 '농촌활동'에 많이 나섰다. 농촌활동은 학생들이 순수하게 농촌 일손을 돕는 경우도 있었지만, 낙후된 농촌을 계몽하거나 의식화를 도우면서 농민운동을 지지하고 연대를 이끌어 내는 경우도 있었다. 농촌활동을 '농활'이라 줄여 부르기도 했다.

우리나라 농활의 역사는 일제 시기 '브나로드 운동(브나로드는 러시아어로 '민중 속으로'라는 뜻이다. 이 말을 구호로 삼은 농촌 계몽 운동이 1870년대 러시아에서 일어났고 우리나라에서도 1930년대에 크게 성행했다)'까지 거슬러 올라간다. 그러다 보니 단순한 일손 돕기보다는 계몽이나 의식화에 비중을 두는 경우가 많았다. 여름방학이면 학교 단위나 단과대 혹은 과단위로 농활을 떠나는 학생들이 많았는데, 농촌에서는 시기와 지역에 따라 이를 환영하기도 하고 배척하기도 했다. 농활

자체는 20대 청춘들이 집을 떠나 자연 속에서 벌이는 단체 활동이다 보니 낭만적인 요소도 많았고, 사회적 신념이 결부되면서 열성적인 참여를 이끌어 내기도 했다.

농활에 대한 추억담에 섬세한 감성을 더해 만든 영화가 〈그해, 여름〉(2006년 개봉, 감독 조근식)이다. 이 영화는 얼핏 청춘남녀가 나눈 아름다운 한여름의 사랑 이야기처럼 보인다. 그러나 영화의 배경이 되는 시대나 영화 속 주인공의 운명을 결정짓는 역사적 사건은 그렇게 감상적이지도, 마냥 아름답지만도 않다.

영화의 배경, 1969년

〈그해, 여름〉에는 달 착륙을 중계하는 장면이 있다. 미국의 유인 우주선 아폴로 11호가 달에 착륙한 것이 1969년 7월이었으니 영화의 시대적 배경은 정확히 1969년 7월이다. 미국과 소련이 저마다 체제의 우월성을 선전하기 위해 우주 경쟁을 벌이던 1960년대 말, 한국의 상황은 어땠을까? 세계적으로 자본주의 국가와 사회주의 국가 간 냉전이 계속되고 있었기 때문에, 분단국인 우리나라는 이념적으로 더욱 경직되어 있었다.

영화에서 남자 주인공 윤석영(이병헌 분)의 아버지가 고위 공무원인데, 그는 개인적으로든 사회적으로든 고압적이고 권위적이며 때

▌1969년 7월 중앙대학
교 학생들의 농촌활동.
제공: 국가기록원

로는 폭력적인 인물로 묘사된다. 실제로 당시 정권을 떠받친 고위
관료들은 5 · 16쿠데타에 참가한 군인 출신이 많았고, 상명하복이라
는 군대 문화를 정치권에 그대로 가져와 대한민국 전체를 마치 군
대처럼 운영했다. 그것도 합법적인 방법이 아니라 법 위에서 권력
을 휘두르고 군림하면서 말이다.

1969년 여름은 대통령 박정희가 헌법을 개정해 세 번째로 대통
령이 되기 위한 작업을 하던 때다. 장기 집권으로 가기 위한 쐐기를
박으려 한 것이다. 박정희가 1961년 5 · 16쿠데타로 정권을 잡고 개
정한 제3공화국 헌법에 대통령직은 '1차에 한해서 중임할 수 있다'

| 1969년 대통령 박정희의 3선을 위해 추진된 6차 개헌. 즉 3선 개헌을 반대하는 시위. 출처: 『사진으로 보는 서울 4』

로 되어 있었다. 1969년은 박정희가 이 헌법으로 대통령이 된 이후 재선에 성공해 두 번째 임기 중이었다. 이는 2년 후엔 대통령 자리에서 영원히 물러나야 한다는 뜻이었다. 그러나 박정희는 쿠데타로 얻은 권력을 내려놓을 마음이 전혀 없었다. 그래서 헌법을 고쳐서라도 대통령 지위를 유지하려고 했다. 자기가 만든 헌법을 자기가 부정하는 꼴이지만, 장기 집권을 위해 3선 개헌을 위한 명분을 찾아 나섰다. 결국 당시 국제적 냉전 분위기와 분단 상황에서 명분을 찾았다. 즉 북한의 도발 위협이 강한 때인 만큼 박정희의 강력한 지도력이 계속 필요하다는 것이다. 그리고 정권 연장이라는 정치적 안

정을 통해 경제개발을 가속화해야 한다는 이유도 덧붙였다.

박정희와 집권당인 공화당의 개헌 논의는 즉각 국민과 언론의 반발을 샀다. 야당과 시민사회가 3선 개헌을 저지하기 위한 움직임을 시작했다. 반면, 정부의 지원을 받은 우익 단체들은 이에 대항하기 시작했다. 두 세력의 갈등 그리고 시민, 학생들의 시위는 1969년 여름에 접어들면서 격화되었다.

영화 〈그해, 여름〉은 3선 개헌 시도와 이를 저지하는 투쟁이 한창인 어수선한 시절, 젊은 남녀가 세상을 잠시 잊고 시작한 풋사랑을 그리고 있다. 그러나 고위 공무원 자제인 도시 남자 석영과 월북한 아버지 탓에 위축되어 살아가야만 하는 농촌 도서관 사서 서정인(수애 분)의 사랑은 결코 역사와 시국에 무관할 수 없었다.

월북자 가족에 대한 연좌제의 사슬

여주인공 서정인은 월북자의 딸이라는 이유로 숨죽이며 조용히 살아간다. 그녀의 아버지는 수재이자 지식인으로 마을의 자랑거리였으나 한국전쟁 와중에 남이 아닌 북을 택해 월북했다. 마을 사람들은 서정인의 아버지와 안다는 이유만으로 고초를 당해야 했다. 그 때문에 마을 사람들은 정인의 아버지가 세운 마을 도서관을 외면해 왔고 정인의 삶을 가여워하면서도 정인과 연루되면 화가 미칠

까 다들 두려워서 그녀를 백안시한다. 정인 또한 마을 사람들을 이해하려고 한다. 월북자 가족인 자신에게 연좌제라는 무시무시한 낙인이 찍혀 있는 것을 알았기 때문이다.

그런 와중에 서울에서 온 철없는 젊은이 석영은 정인이 짊어진 가족과 역사의 무게를 제대로 알지 못한 채 그녀에게 손을 내민다. 청춘의 순수하고 아름다운 사랑을 나누던 두 사람은 결국 1969년 여름의 혼란스러운 시국과 연좌제로 헤어지게 된다.

연좌제는 역사가 매우 깊다. 고대부터 동서양을 막론하고 범죄인과 특정한 관계에 있는 사람에게 연대 책임을 물리고 처벌한 것이 연좌제다. 우리 역사에서는 조선 시대까지 연좌제가 공식적으로 적용되었다. 예컨대 반역을 꾀했다가 발각되면 당사자를 처벌한 것은 물론이고 '삼족(三族)을 멸한다'는 것이 대표적인 연좌제라고 할 수 있다. 삼족은 부계(父系), 모계(母系), 처계(妻系)를 통틀어 가리키는 말이다. 사실 전근대 시기 연좌제는 친인척에 국한되지 않고 학연과 지연에도 적용되었다. 반역자가 나온 마을은 군(郡)에서 현(縣)으로 강등되는 등 마을 전체가 불이익을 받기도 했다.

근대법이 시행되고 개인과 인권에 대한 의식이 높아지면서 연좌제가 사라졌지만, 우리나라는 분단이라는 특수 상황 속에서 이를 꽤 오래 유지했다. 영화 속 서정인의 아버지 같은 월북자의 직계 가족과 친인척뿐 아니라 그와 교우 관계에 있던 사람들까지 사상을 의심받고 이유 없이 끌려가 치도곤을 당하거나 법적 또는 사회적

▌ 영화 〈그해, 여름〉은 박정희 정권의 3선 개헌 시도와 그에 대한 저지 투쟁이 한창이던 1969년 7월을 배경으로, 젊은 남녀가 세상을 잠시 잊고 시작한 풋사랑을 그린다.

불이익을 받았다. 정인이 사는 마을의 사람들도 이미 그녀의 아버지 때문에 곤란을 겪었기에 모두 정인을 가까이하려 들지 않는다.

'친북' '종북' 낙인에 남겨진 연좌제의 흔적

우리나라 연좌제는 1980년 개정된 헌법에 '모든 국민은 자기의 행위가 아닌 친족의 행위로 인하여 불이익한 처우를 받지 아니한다'라는 규정이 신설될 때까지 공공연하게 지속되었다. 신원 조회에서 월북자나 사상범의 가족이나 친족으로 밝혀지면 고위 공무원으로 임명되지 않거나 해외로 가는 여행과 출장까지 제한받았다. 게다가 월북자는 언제든 간첩으로 내려올 수 있다고 여겨, 월북자 가족은 간첩이 된 월북자를 도울 가능성이 있는 위험인물로 낙인찍혔다. 월북자 가족은 접촉하면 안 될 감시의 대상이었고, 그들과 교류하는 것 또한 사상적으로 의심을 받았다.

사정이 이렇다 보니 월북자 가족은 평생을 숨죽이고 살아야 했다. 직업을 구하기도 쉽지 않고 사람들과 사귀는 것도 어려웠다. 영화에서도 정인은 마을 사람들에게 구박을 받으면서도 마을을 떠나지 못한다. 감시를 받아도 그녀를 안타까워하는 사람들이 있는 마을이 정인에게는 안전하기 때문이다. 마을 밖 세상으로 나간다 한들 그녀를 따라붙는 감시와 부당한 대우가 더하면 더했지 사라지지

連坐制 폐지

■ 關係惡 身元기록 일제 정리키로

公私생활 不利益 시정
국민和合 새 轉機 마련

주요정리대상

6·25때 所聞등으로 記錄
敵性的 生命구하며 附逆
本人·가족 國家위해 奉職
對共 危害度가 약한 경우

부과 課稅制度 내년부터 改善
자기결정 申告制로

20일치 42兆원

政府, 컬러TV
14일치 22...

▌ 1980년 헌법 홍보물 중 일부(왼쪽)와 연좌제 폐지를 알리는 기사(오른쪽). 1980년 개정 헌법에 연좌제 폐지
가 명문화되어 1981년 3월 25일 내무부에서 폐지에 관한 지침을 발표했다.

는 않을 테니까. 영화에서 정인이 석영을 따라나선 것은 그야말로 인생을 건 큰 모험이었다. 그러나 1969년은 국제적으로든 국내적으로든 북한과 갈등이 심화되던 시기였고 당시 정권이 그런 상황을 이용하고 있었기 때문에, 연좌제의 서슬이 더 시퍼렜다.

연좌제는 공식적으로 금지된 뒤에도 정치적으로 악용되는 경우가 있었다. 사실 앞에서 본 연좌제 금지 조항도 문제가 많다. 그 전 헌법에는 연좌제에 관한 조항이 없었다. 근대법에서 연좌제란 있을 수 없기 때문이다. 그러나 우리 현대사에서 연좌제가 공공연히 존재한 것이 사실이고, 이를 1980년 헌법에서 금지한다고 규정한 것이다. 그런데 이 조항이 헌법에 들어가면서 그 전에 존재한 연좌제를 법적으로 인정한 부분이 없지 않다. 오늘날 사람들이 입에 올리는 '종북'이니 '친북'이니 하는 말도 따지고 보면 연좌제와 관계가 깊다.

영화 〈그해, 여름〉은 권력이 연좌제로 개인의 인생을 좌지우지하던 1960년대 말, 이념 문제를 이용해 장기 집권을 꾀한 당시 독재 정권의 야욕이 개인의 삶을 어떻게 송두리째 뒤틀리게 했는가를 보여 준다. 개봉 당시 아름다운 화면에 연애담을 담았다는 점에서 가벼운 청춘물로 여겨졌지만, 1960년대 말의 엄혹한 시대상을 에둘러 다룬 역사 영화로서 의미가 큰 영화다.

14

남편 찾아 베트남전 삼만 리

〈님은 먼 곳에〉

최근 한반도는 지난 세기의 이념 대립이 남긴 비극적 분단과 반목을 끝내고 화해와 평화를 정착시키기 위해 분주하다. 이념 대립이 무의미해진 21세기에도 여전히 20세기 냉전의 상흔으로 남은 한반도의 분단을 전쟁이나 혼란 없이 평화롭게 해소하려는 노력을 시작한 것이다.

　　지난 세기는 미국이 대표하는 자본주의 국가들과 구소련(소비에트사회주의공화국연방)이 대표하는 사회주의 국가들이 대립하며 세력을 겨루던 시대다. 2차세계대전이 끝난 직후부터 두 세력은 또 다른 세계대전에 대한 두려움으로 대놓고 갈등을 드러내지는 않아도 이면에서는 끊임없이 대립했다. 이를 냉전 시대라고 한다. 냉전 시대에 두 세력은 세계 각지에서 국지전이나 대리전을 일으키곤 했다. 대표적인 예가 바로 한국전쟁이다. 그리고 양상이 조금 달랐지만

베트남전쟁도 마찬가지다. 한국전쟁 이후 한반도는 이념으로 분단
되어 오늘날까지 냉전 시대의 상징으로 남아 있지만, 베트남은 길
고 지난한 전쟁 끝에 통일국가를 만들었다. 우리나라는 베트남전쟁
에 미국의 요청으로 참전했다.

영화 〈님은 먼 곳에〉(2008년 개봉, 감독 이준익)는 베트남전쟁의 한
가운데로 들어간 위문 공연단의 가수 순이의 눈을 통해 지난 세기
냉전이 만든 전쟁의 비극을 이야기한다.

미국의 무리수, 베트남전쟁

공식적으로는 베트남전쟁이 1964년에 시작되어 1975년에 끝
났다. 그러나 그전부터 베트남은 강대국의 이권과 이념의 각축장으
로서 오랫동안 고통 받았다. 중국의 영향권에 있었지만 독립국이던
베트남은 19세기 제국주의의 침략이 과열되던 1883년에 프랑스의
식민지가 되었다. 이때부터 베트남 사람들은 프랑스의 착취에 대항
해 지속적으로 독립운동을 벌였다. 그런 가운데 2차세계대전이 일
어나고 프랑스 본토가 독일에 점령되자 동남아시아의 프랑스 식민
지를 일본군이 접수하면서 잠시 일본의 지배까지 받았다. 일본의
항복으로 2차세계대전이 끝나면서 호찌민(Ho Chi Minh)을 중심으로
베트남 공산주의자들은 혁명을 일으켰고, 독립을 선언한 뒤 베트남

베트남 독립을 위해 평생을 바친 호찌민('깨우치는 자'라는 뜻). 그는 베트남전쟁 때 북베트남의 최고 군사 지휘관으로 전쟁을 이끌었다.

민주공화국을 세웠다.

그런데 프랑스가 뒤늦게 베트남의 독립을 인정하지 않는다. 2차세계대전이 일어나기 전 상황을 내세우면서 베트남의 지배권을 주장한 것이다. 결국 1946년, 베트남과 프랑스 사이에 전쟁이 터졌다. 이를 1차 인도차이나전쟁이라고 한다. 베트남 사람들의 저항은 끈질기고 강력했다. 독립을 열망하는 베트남 사람들을 이겨 낼 수 없던 프랑스는 1954년에야 패배를 인정했다. 그리고 베트남에 남은 프랑스 세력의 퇴각 시간을 벌기 위해 제네바협정을 맺었다. 일단 프랑스 관련 세력을 전부 남쪽으로 이동시키고 북위 17도를 경계로 베트남을 남과 북으로 나누었다. 원래 협정은 프랑스의 퇴각이 마무리되는 1956년에 남북 베트남 총선거를 통해 통일국가를 이룬다는 것인데, 남베트남이 협정을 깼다. 당시 베트남 사람들은 북베트남 정권과 호찌민을 지지하고 있었다. 프랑스가 퇴각한 뒤 베트남이 공산화되면 인도차이나반도 전체가 공산화될지도 모른다고 생각한 미국이 응오딘지엠(Ngo Dinh Diem)을 남베트남 통치자로 세우면서 분단을 고착화해 버린 것이다. 베트남 사람들의 뜻보다는 냉전 시대 강대국의 이념이 만든 분단이었다.

베트남 통일을 바라던 사람들 중 남베트남에 남아 있던 사람들은 '남베트남민족해방전선'이라는 단체를 세우고 응오딘지엠 정부를 상대로 게릴라 전쟁을 벌이기 시작했다. 이들은 열대 밀림 지역인 베트남의 특성을 이용해 신출귀몰하며 남베트남 정부군과 주둔해 있던 미군을 괴롭혔다. '베트콩'이라고 불린 이들은 북베트남 공산 정권의 후원을 받았다. 호찌민의 주도로 북베트남이 차근차근 안정돼 갈 때 남베트남에서는 쿠데타가 반복되고 부정부패가 만연하는 등 미국이 버팀목이 되어 주지 않으면 언제 무너질지 모를 상태가 지속되었다. 결국 남베트남이 무너지고 북베트남의 주도로 베트남이 통일되는 것에 극도로 위기감을 느낀 미국이 1964년에 무리수를 둔다. 이른바 '통킹만 사건'을 일으킨 것이다.

1964년 8월, 미국은 통킹만에 정박한 미국 함정을 북베트남이 먼저 공격했다고 발표하고 북베트남에 대한 전쟁을 공식화했다. 하

▌ 1964년 8월, 미국이 통킹만에 머무르고 있던 매덕스호를 북베트남 어뢰정이 공격했다고 발표하고 북베트남에 대한 전쟁을 공식화한다. 하지만 북베트남의 공격이라는 것은 미국의 자작극으로 드러났다.

지만 훗날 이 공격 사건은 미국이 전쟁에 공식적으로 참가하기 위해 벌인 자작극임이 밝혀졌다. 선제공격을 한 것은 미국이다. 이로써 2차 인도차이나전쟁, 통칭 '베트남전쟁'이 시작되었다. 미국은 이때부터 1968년까지 북베트남에 약 100만 톤에 이르는 폭탄을 퍼부었으며 약 55만 명에 이르는 지상군을 파견했다.

미국은 단독으로 베트남과 싸운다는 인상을 주지 않으려고 세계에 파병을 요청했지만 응하는 나라가 별로 없었다. 특히 유럽의 반응이 차가웠다. 명분 없는 전쟁이라고 생각했기 때문이다. 그러자 미국은 동남아시아조약기구(SEATO)에 파병을 요청해 한국, 오스트 레일리아, 뉴질랜드, 태국, 필리핀 등의 참전을 이끌어 냈다. 한국은 32만 명이 참전했다. 다른 나라가 파견한 병사 수를 모두 합친 수의 세 배 정도였다. 한국은 미국에 이어 베트남전쟁에 가장 많은 군인 이 참전한 나라가 되었다. 베트남전 파병은 한국군에게는 사상 첫 해외파병이었다.

영문도 모르고 머나먼 전쟁터로 끌려간 한국군

〈님은 먼 곳에〉의 시간적 배경인 1971년은 베트남전쟁이 막바지 로 치닫고 있을 때였다. 20대 초반으로 보이는 순이(수애 분)는 대학 생 남편과 결혼한 농촌 여성이다. 그녀의 남편 상길(엄태웅 분)은 빨 리 대를 이를 손자를 보고 싶어 하는 어머니의 뜻에 따라 사랑하지 도 않는, 아니 잘 알지도 못하는 여자 순이와 결혼한 뒤 아내와 어 머니는 고향 집에 두고 서울에서 학교에 다닌다. 당시 박정희의 독 재가 심화되던 한국은, 도시가 베트남 특수와 개발독재가 부르짖는 왜곡된 근대화로 빠르게 변해 간 것과 달리 새마을운동이 막 시작 된 시골은 남아 선호와 남존여비에 젖은 구태를 유지하고 있었다.

순이는 이런 시대를 운명으로 여기고 별 저항 없이 받아들인다. 철없는 남편이 여대생과 연애질을 하다 차이고 홧김에 베트남전에

▌ 대학생 남편과 결혼한 농촌 여성 순이(수애 분)는 철없는 남편이 여대생과 연애질을 하다 차이고 홧김에 베트남전에 자원해서 떠나기 전까지 그녀는 사랑이 뭔지, 자신이 진짜 원하는 게 뭔지 몰랐다.

자원해서 떠나기 전까지 그녀는 사랑이 뭔지, 자신이 진짜 원하는 게 뭔지 모르고 알 생각도 못 했을 만큼 순종적이었다. 남편이 "니 내 사랑하나?" 하고 물었을 때 그녀는 자기 마음조차 알지 못했기에 대답할 수도 없었다. 그런 그녀가 외아들이 전쟁터로 나가자 몸 져누운 시어머니를 대신해 남편을 찾아 베트남으로 간다. 명확한 이유도 없이 시어머니가 가라고 해서 가는 순이의 모습은 머나먼 전쟁터로 끌려간 베트남 참전 군인들의 상황과 별반 다르지 않다.

한국 군인의 베트남 파병은 베트남전쟁이 시작된 1964년 9월부터 미국이 베트남에서 철수하는 1973년까지 총 8년 5개월에 걸쳐 이어졌다. 베트남에 집중적으로 파병한 때는 1960년대 말이고, 영화의 배경인 1971년에는 미국 내 반전 여론으로 미군이 베트남에서 슬슬 손을 떼면서 한국군도 서서히 철수하고 있었다.

최초의 베트남 파병은 의무병과 태권도 교관 정도에 해당했는데, 미국이 파병에 대한 보상으로 브라운 각서를 제시하면서 파병 인원이 급속도로 늘어나고 전투병이 포함되었다. 브라운 각서는 당시 주한 미국 대사 브라운이 대통령 박정희를 방문해 한국군 증파를 요청하면서 내건 조건이다. 주요 내용은 베트남 파병으로 한국의 안보를 증진하고, 베트남전에 필요한 군수 물자를 보급하는 데 한국을 참가시켜 경제 발전을 도모하며, 파병 비용과 장병 처우 개선 등은 미국이 책임진다는 것이었다. 1960년대 중반, 가난에 허덕이던 한국은 베트남전쟁으로 갑자기 돈이 들어오고 물자가 풍부해지며 일시적인 호황을 누리기도 했다. 이른바 '베트남 특수'다. 지난 세기 세계는 남의 불행이 기회가 되는 아이러니한 상황을 무감하게 넘기거나 누렸다. 사실 한국전쟁이 벌어졌을 때도 주변국이 '한국 특수'라는 기회로 호황을 누리기도 했다. 2차세계대전에서 패전한 일본이 다시 일어설 수 있었던 것은 한국전쟁 덕분이었다.

알량한 경제적 이득이 있다고 해도 파병은 결국 총탄이 날아다니는 전쟁터에 우리나라 젊은이들을 보내는 일이다. 베트남전은 그저 먼 나라의 일이 아니라, 참혹한 전쟁터에 내 아들·내 남편·내 형과 아우를 내보낸 전쟁이었다. 영화에서처럼 수많은 순이의 남편

들이 베트남전에 나가 생사를 달리했다. 베트남전에서 한국군은 전사자가 5000여 명, 부상자가 1만 5000여 명에 이를 만큼 큰 희생을 치렀다. 미군이 뿌린 고엽제 피해로 오늘날까지 고통받는 참전 군인도 적지 않다.

박정희 정부는 전쟁 특수에 대한 기대를 가리는 명분으로 우방인 미국과 남베트남을 돕는다고 내세웠지만, 이미 베트남전은 미국의 오판에 따른 명분 없는 전쟁으로 인식되고 있었기 때문에 한국군의 참전은 국제적으로도 그다지 환영받지 못했다. 더구나 미군처

▌ 남편이 "니 내 사랑하나?" 하고 물었을 때 순이는 자기 마음조차 알지 못했기에 대답할 수도 없었다. 그런 그녀가 외아들이 전쟁터로 나가자 몸져누운 시어머니를 대신해 남편을 찾아 베트남으로 간다.

럼 베트남에서 적이 아닌 양민을 학살하는 끔찍한 일을 저지른 부대도 있다.

한편, 영화에 나오는 군 위문 공연단의 실제 모습은 어땠을까? 영화 속 순이를 데리고 다니는 정만(정진영 분)의 밴드는 소규모로 비공식적인 위문 공연을 펼친다. 당시는 정부 차원에서도 유명한 연예인들로 구성된 대규모 위문 공연단을 베트남에 자주 보냈다. 정부에서 보낸 위문 공연단은 후방의 공식적인 장소에서 많은 군인들 모아놓고 하는 것이었기에 진짜 위험한 전쟁터 곳곳을 누비며 공연을 한 것은 순이의 밴드 같은 무명의 연예인들이었을 것이다.

군 위문 공연의 역사는 일제강점기까지 소급되어 올라간다. 2차세계대전을 치르던 일제는 당시 동남아 전선에 군 위문 공연단을 보냈는데, 세계적으로 유명하던 무용가 최승희가 일제의 강압에 못 이겨 일본군 위문 공연에 나간 일도 있다. 우리나라의 군부대 위문 공연은 1948년 10월 여순사건이 일어나자 이를 진압하기 위해 출동한 병사들을 위로하고, 지역 주민들에게 반공정신을 고취한다는 명목으로 시작되었다. 이후 한국전쟁에서는 사단급마다 군예대가 편성되어 군인 신분의 연예인들이 중심이 되어 공연을 하다가, 점차 민간 연예인들도 참여하는 형태로 바뀌었다. 1960년대에 가면 국군방송의 프로그램 차원에서 매주 진행되기도 하였다.

영화의 제목이자 주제가인 〈님은 먼 곳에〉는 1970년대 당시 공전의 히트를 쳤고, 노래를 부른 김추자는 일약 스타덤에 올랐다. 이 곡은 원래 1969년에 방송한 드라마 〈님은 먼 곳에〉의 주제곡이기도 하다. 영화의 시간적 배경이 1971년인 만큼 여주인공 순이가 이 노래를 처연하게 부르는 설정도 시대상에 부합한 것이고, 노래 가사가 멀리 있는 연인을 그리워하는 내용이므로 영화의 정서와도 퍽 잘 어울린다.

노래 〈님은 먼 곳에〉의 작곡자는 신중현이다. 노래 가사는 아래와 같다.

사랑한다고 말할걸 그랬지

님이 아니면 못 산다 할 것을

사랑한다고 말할걸 그랬지

망설이다가 가버린 사람

마음 주고 눈물 주고 꿈도 주고

멀어져 갔네

님은 먼 곳에

영원히 먼 곳에 망설이다가

님은 먼 곳에

전쟁이라는 부조리에 따귀를 갈기다

1960년대 말 미국은 엄청난 화력을 쏟아 부었지만, 결코 북베트남을 이기지 못했다. 북베트남과 베트콩은 끈질기게 저항했고 집요했다. 그리고 때로는 미국에 놀랄 만큼 큰 패배를 안겨 주기도 했다. 미국 내에서 반전 여론이 거세졌고, 전 세계는 베트남 국민이 원치 않는 남베트남 정부를 지키려는 미국을 비난했다. 베트남의 운명은 베트남 사람들에게 맡기라는 여론이 세계적으로 팽배해졌다. 결국 1969년부터 서서히 미군이 철수했다. 1972년 여름부터 미국과 북베트남 사이에 정전 협상이 재개되었고, 마침내 1973년 1월 27일 파리에서 평화협정이 체결되었다. 이 협정에 따라 60일 안에

▌ 베트남전에 참가한 한국군. 제공: 국가기록원

모든 미군이 베트남에서 철수했고, 이때 한국군도 베트남에서 철수했다. 미군 철수 뒤 베트남에서는 남북간 내전이 이어졌는데, 1975년 4월에 북베트남이 대규모 공세를 벌여 남베트남의 수도인 사이공을 점령했다. 1976년 7월 2일에는 남북이 하나가 돼 베트남사회주의공화국을 세웠다.

베트남전쟁은 미국이 패배한 유일한 전쟁으로 역사에 기록되었다. 이 전쟁이 미국 사회에 준 충격은 컸다. 참전 병사들이 겪은 육체적·정신적 고통이 큰 사회문제가 되었고, 세계 경찰을 자처한 미국의 검은 속내가 이 전쟁을 통해 드러나면서 미국인의 정서적 혼란도 커졌다. 그래서 미국은 베트남전 이후 꾸준히 당시의 트라우마를 치유하기 위한 프로그램들을 마련했다.

미국 다음으로 많은 군인을 참전시킨 한국은 어떤가? 한국군은 직업 군인이 아니라 그저 나이가 되어 징병된 평범한 젊은이가 대부분이었다. 한국 사회는 베트남전이 끝난 뒤 이들 참전 군인에 대한 어떤 치유 프로그램도 마련하지 않았다. 나라의 명령에 따라 남의 나라 전쟁터에 가서 육체적·정신적 상처를 입고 돌아온 병사들은 그대로 방치되었다. 고엽제가 일으킨 질병에 대한 보상 논의도 미국의 심기를 건드릴까 봐 오랫동안 입막음되어 전쟁이 끝난 지 25년도 더 된 1999년에야 사회적 쟁점이 되었다. 최근에는 베트남 파병과 관련해 박정희 정권이 장병들의 급여를 빼돌렸다는 의혹까지 불거졌다. 이제 노년이 된 병사들과 그 가족이 겪어 낸 다른 나라 전쟁의 후유증은 이미 통일된 베트남 사람들이 겪은 고통보다 클지도 모르겠다.

영화의 마지막에 순이는 천신만고 끝에 만난 남편을 보자마자 사정없이 뺨을 후려친다. 그것은 아마도 전쟁의 한가운데를 관통하며 자신이 진정 바라는 것이 뭔지 깨닫게 된, 더는 순종적이지 않은 그녀가, 의미 없는 전쟁에 영문 모르고 끌려가 생사의 고비를 수없이 넘던 한국 군인들에게 왜 이 전쟁에서 희생되어야 하는지 따지라고, 자각하라고 후려친 매가 아니었을까?

15

푸른 눈의 목격자가 세계에 알린
광주의 비극

〈택시운전사〉

영화 〈택시운전사〉(2017년 개봉, 감독 장훈)는 1980년 5·18광주민주화운동에 관한 이야기로, 당시 광주의 비극 속으로 들어간 독일인 기자 위르겐 힌츠페터(Jürgen Hinzpeter)와 그의 취재를 도운 택시운전사 김사복의 실화를 바탕으로 한다.

길고 암울했던 유신 독재 정권이 박정희 총살로 자멸한 1979년 10월 이후, 오랫동안 바라던 민주주의로 가는 길이 열리는 듯했다. 그러나 사람들의 바람과 달리 1980년의 봄은 잔인했다. 당시 박정희 총살 사건을 조사하던 수도경비사령부(현 수도방위사령부)의 보안 사령관 전두환(全斗煥, 1931~)을 중심으로 한 일부 군인들은 국민들과 다른 생각을 품고 있었다. 이들은 유신 독재의 종말을 자신들이 권력을 탈취할 기회로 삼았다. 1979년 12월 12일, 이들은 오늘날 12·12사태로 불리는 군부 내 하극상 쿠데타를 일으키고 정권을 장악했다. 박정희 정권의 군 세력과 구분하여 이들을 신군부라고 부른다.

전두환을 중심으로 한 신군부의 포악한 군홧발은 민주주의를 향한 국민들의 열망을 짓밟고 입을 틀어막았다. 민주주의를 요구하는 국민들을 공포로 제압하기 위해 1980년 5월 18일부터 27일까지 광주를 고립시키고 시민들을 무차별 학살했다. 그리고 자신들의 죄를 숨기기 위해 언론을 통제하고 광주 사람들을 폭도나 빨갱이로 몰아붙이며 억지 누명을 씌웠다. 대한민국 사람 중 누구도 광주 시민들의 억울한 사정을 제대로 알 수 없으며 알았다 해도 알릴 수 없는 공포의 시간을 보낸 그때 독일인 기자 힌츠페터가 광주에 있었다. 그리고 광주에서 벌어진 잔혹한 진실을 세계에 알렸다.

1980년 서울의 봄과 5·18광주민주화운동

5·18광주민주화운동은 1980년 '서울의 봄'이 끝나면서 시작되었다. 1968년 체코의 민주화 운동인 '프라하의 봄'에서 따온 '서울의 봄'은, 독재자였던 대통령 박정희가 측근인 중앙정보부장 김재규(金載圭, 1926~1980)에게 총살당한 1979년 10월 26일부터 신군부가 비상계엄령을 내리고 국민을 공포로 제압한 1980년 5월 17일 전까지 6개월의 과도기를 가리킨다. 이 시기는 유신 독재로 오랫동안

▌영화 〈택시운전사〉는 1980년 광주의 비극을 목격한 독일인 기자 힌츠페터와 그의 취재를 도운 택시운전사 김사복의 실화를 바탕으로 한다.

고통받던 국민들이 올바른 민주주의를 꿈꾸고 요구하던 때였다.

　그런 가운데 1979년 12월 12일 전두환과 노태우 등이 이끌던 군부 내 사조직 '하나회'를 중심으로 한 신군부 세력이 12·12사태를 일으킨다. 이는 군사 반란 사건이었다. 전두환 등은 군부 내 주도권을 장악하기 위해 자신의 상관인 육군 참모 총장이자 계엄 사령관인 정승화를 연행하고 당시 대통령 최규하를 협박하여 권력을 장악했다. 그들은 군대 내 권력뿐만 아니라 정권 탈취를 꾀했다. 그러나 박정희 군사 정권 18년의 폐해를 온몸으로 겪었던 국민들은 또 다른 군부 독재를 원치 않았다. 전국 곳곳에서 민주화를 요구하는 시

| 1979년 12·12사태 당시 중앙청에 배치된 계엄군의 탱크. 제공: 국가기록원

위가 벌어졌고, 당시 국민들의 열망과 힘은 신군부가 위협을 느끼기에 충분할 만큼 강했다.

신군부는 사회 혼란을 막는다는 미명하에 1980년 5월 17일 제주도를 제외한 전국에 계엄령을 내렸다. 원래 계엄령은 국가 비상시 최고 통치권자인 대통령이 국가의 안녕과 공공질서 유지를 목적으로 법률이 정하는 바에 따라 헌법 일부의 효력을 일시 중지하고 군사권을 발동해 치안을 유지하는 국가긴급권이다. 그러나 안타깝게도 우리나라에서 발령된 계엄령은 대부분 국가적 환란보다는 독재 정권에 항거하는 국민을 제압하는 수단으로 발동되었다. 박정희 정권이 국민의 저항을 막기 위해 걸핏하면 계엄령을 내렸고, 1980년 신군부도 이를 그대로 따라 했다.

신군부는 민주 인사들을 마구잡이로 잡아들이고 대학에 휴교령을 내렸다. 대학은 폐쇄되고 교정은 군인들이 점거했다. 민주 시위를 원천 봉쇄한 것이다. 신군부의 무자비한 억압이 시작되자 사람들은 그 전 유신 독재 시기에 학습된 공포로 위축되었다. 이렇게 무참히 서울의 봄이 끝나고 만다.

그러나 단 한 곳, 광주는 달랐다. 광주 시민들은 5월 17일에 내려진 계엄령에 굴하지 않고 5월 18일에도 시위를 이어 나갔다. 마치 꺼져 가는 민주주의를 밝히는 마지막 횃불 같은 시위였다. 그러자 신군부는 공수부대로 구성된 계엄군을 광주로 보냈다. 공수부대는 낙하산, 헬리콥터, 수송기 등을 통해 낙하로 전투지대에 투입되어 작전을 수행하는 정예부대다. 격렬한 전투 상황에서나 파견되는 부대인 것이다. 그런데 이런 부대를 민간인들이 시위를 벌이는 광주에 투입했다. 그리고 전시에 적에게도 하지 않을 무자비한 진압을 자국민을 상대로 저질렀다. 눈앞에서 평화롭게 시위하던 동료, 자녀, 형, 누나, 동생이 공수부대원들에게 공격당하는 모습을 본 광주 시민들은 분노했다. 그리고 국민에게 무력을 휘두르는 군부에 항의하기 위해 시위를 확대했다. 5·18민주화운동이 시작된 것이다.

민주주의를 지키기 위해 일어선 광주 시민들에게 신군부는 발포로 대응했다. 5월 21일의 일이다. 전시가 아닌데도 자국민을 지키라고 있는 군대의 총에 맞아 엄청나게 많은 사람이 죽어 나갔다. 공수부대는 광주시를 돌아다니면서, 시위에 참가하지 않은 시민들까지 무차별적으로 잡아들이고 구타하고 강간하고 죽였다. 시민들이 평화 시위를 이어 갈 상황이 아니었다. 군대의 폭력에 맞서기 위해, 스스로의 목숨과 가족의 안전을 지키기 위해 광주 시민들은 경찰서와 예비군의 무기고를 열었다. 그리고 시민군을 조직해 계엄군에 저항했다.

시민군은 강력한 저항으로 계엄군을 시 바깥으로 몰아내고 시민들의 안전 보장을 위한 협상을 벌였다. 그러나 계엄군으로부터 돌아온 것은 더 강하고 잔인한 진압이었다. 병력을 보강한 계엄군은 다시금 무차별적인 폭력을 휘두르며 광주 시내로 들어섰다. 27일 새벽, 광주 시민들은 전남도청에서 마지막으로 계엄군에 맞섰다. 그러나 애초에 엄청난 화력으로 무장한 계엄군에 맞서는 것은 중과부적이었다. 광주 시민들이 이를 몰랐을 리 없다. 그래도 계엄군에 맞선 것은 민주주의를 짓밟고 국민을 유린한 신군부를 끝내 인정하지 않겠다는 마지막 항변이었다.

도청에서 벌어진 계엄군과 시민군의 대결은 결국 많은 시민이 총탄에 희생되면서 끝났다. 비록 광주는 계엄군의 수중에 떨어졌지만, 열흘 가까이 목숨을 걸고 민주주의를 사수한 광주 시민들의 정

▌완전무장한 군인들에게 연행되는 광주 시민들. ⓒ 경향신문

신은 결코 꺾이지 않았다. 1980년 5월의 정신은 1987년 6월 항쟁으로 이어졌고, 그것이 오늘날 우리가 구가하는 민주주의 사회의 근간이 되었다.

독일인 기자를 태우고 광주로 간 택시

광주 시민들에게 무자비한 폭력을 휘두른 신군부는 이 사실이 외부에 알려지는 것을 원치 않았다. 광주 시민들이 계엄군의 총에 쓰러져 갈 때 한국의 방송은 광주에서 폭도가 반란을 일으켰다고 국민들을 상대로 거짓 보도를 해 댔다. 사회의 불순분자, 공산주의자가 일으킨 폭동이라고도 했다. 사실을 보도하려고 하는 사람들은 체포되어 입에 재갈이 물렸다. 신군부가 장악한 한국 언론은 무기력했다. 아무도 광주의 진실을 제대로 세상에 알리지 않았다.

당시 독일 제1공영방송의 일본 특파원 힌츠페터는 한국의 정치 상황이 예사롭지 않다는 사실을 감지한다. 그는 다른 외신 기자들보다 빨리 한국에 입국했고 1980년 5월 20일 광주로 잠입한다. 영화 〈택시운전사〉에도 힌츠페터(토마스 크레취만 분)가 계엄령 선포 직후 한국 상황이 심상치 않다는 것을 알고 선교사로 가장해 입국하는 장면이 있다. 기자라고 신분을 밝히면 입국이 금지될 수 있다고 판단한 것이다. 그만큼 당시 신군부의 언론통제는 심각했고 사회 분위기는 경직되어 있었다. 영화에는 힌츠페터가 혼자 입국했다고 나오지만, 실제는 녹음 담당 기자 헤닝 루모어(Henning Rumohr)와 함께였다. 즉 광주에 내려간 독일 방송기자는 두 명이고, 이들을 광주까지 데려간 사람이 김사복이다. 영화에서는 김만섭(송강호 분)이라는 개인택시 운전사가 힌츠페터와 함께 광주로 갔다가 훗날이 두려워 거짓으로 김사복이라는 이름을 가르쳐 준다고 하지만, 영화 개봉 이후 실제로 힌츠페터와 동행한 김사복 씨의 아들이 나타나 김사복의 실존을 증명해 주었다.

힌츠페터는 광주 취재 이후 김사복을 찾기 위해 마지막 순간까

▌ 영화 〈택시운전사〉의 한 장면. 힌츠페터는 다른 외신 기자들보다 빨리 한국에 입국하여 1980년 5월 20일 광주로 잠입한다. 힌츠페터 혼자 입국했다고 나오는 영화의 설정과 달리, 녹음 담당 기자 헤닝 루모어와 함께였다. 즉 당시 광주에 내려간 독일 방송기자는 두 명이고, 이들을 광주까지 데려간 사람이 김사복이다.

지 노력했는데, 김사복 씨는 이미 1984년에 유명을 달리했다고 아들이 전했다. 또 실제 힌츠페터 일행이 탄 택시는 영화에서처럼 초록색 개인택시가 아니라 호텔 택시로 검은색이었다. 더구나 택시운전사와 힌츠페터가 한 번 만난 것으로 설정한 영화와 달리 실제 김사복은 5월 광주로 가기 전부터 꽤 긴 기간 동안 여러 차례 힌츠페터의 한국 취재를 도왔다.

실제 힌츠페터는 5·18민주화운동 기간 동안 광주를 두 차례 방문했다. 1차 취재는 5월 20일에서 21일 사이의 일에 대한 것으로, 21일에 계엄군이 시민들에게 발포하는 장면을 비롯해 잔혹한 진압

▌ 힌츠페터가 두 차례에 걸친 광주 취재로 만든 다큐멘터리 〈기로에 선 한국〉은 1987년 6월 항쟁의 도화선 역할을 했다. ⓒ 한국일보

장면들을 고스란히 담았다. 영화에서처럼 사복 경찰이 이들을 체포하려고 추격하는 극적인 일은 없었지만, 당시 광주는 계엄군이 포위하고 있어서 출입 자체가 매우 어려웠다. 힌츠페터 일행은 기자 신분을 숨기고 사업가로 위장했으며 필름을 계엄군에게 빼앗기지 않기 위해 무척 조심했다. 영화에 나오듯 신군부에 들키지 않으려고 호텔에서 파는 고급 과자 통에 필름을 숨기고 검문을 피하기 위해 비행기 1등석을 탔다고 한다. 21일 오후에 광주에서 빠져나온 힌츠페터는 일본으로 필름을 가져가 나리타공항에서 바로 넘겨준 뒤 곧장 한국으로 돌아온다.

■ 태극기를 휘날리며 시내를 질주하는 시민군. 출
처: 5·18기념재단

22일에 독일로 보내진 필름은 그날 저녁 8시 뉴스 프로그램을
통해 보도되었다. 독일을 비롯한 세계가 한국에서 벌어지는 믿을
수 없는 사태에 경악했다. 힌츠페터의 취재는 당시 한국의 신군부
와 이들이 세운 정권에 대한 국제적 인상을 결정지었다. 그리고 한
국의 민주 세력에 대한 국제적 호응과 관심을 이끌어 냈다.

1980년 광주의 진실을 다룬 〈기로에 선 한국〉

1차 취재 필름을 독일에 보낸 뒤 23일에 힌츠페터는 다시 광주
로 잠입한다. 계엄군이 시민군에게 밀려 시 바깥으로 잠시 나갔을

때 광주로 들어간 것이다. 이때 힌츠페터는 시민 자치하의 해방구와 같던 광주의 일상을 애정 어린 시선으로 담기도 했다. 이때도 이들을 광주로 데려간 사람이 김사복이다.

힌츠페터의 취재는 광주의 진실을 세계에 알리는 큰일을 했을 뿐 아니라 우리나라 민주화에도 큰 영향을 끼쳤다. 한국 언론이 1980년 5월 광주를 제대로 취재하지 못했기 때문에, 신군부로부터 탄생한 5공화국 정권은 광주 시민들을 폭도로 날조했다. 그러나 힌츠페터의 취재 필름은 신군부의 말이 거짓이라는 것을 그 어떤 증거보다 분명하게 보여 주었다. 그가 두 차례에 걸친 광주 취재로 만든 다큐멘터리 〈기로에 선 한국SUDKOREA am Scheideweg〉은 훗날 민주 인사들이 몰래 한국으로 들여와 대학가를 중심으로 비밀리에 상영되었고, 이를 계기로 1980년 5월 광주의 진실을 많은 사람이 알게 되었다. 힌츠페터의 다큐멘터리를 뒤늦게나마 본 사람들은 광주의 참상에 분노했다. 그리고 광주가 우리 현대사에 남긴 메시지를 무겁게 받아들였다. 〈기로에 선 한국〉은 1987년 6월 항쟁의 도화선 역할을 했다.

현재 5·18민주화운동을 다룬 한국 영화는 〈부활의 노래〉, 〈꽃잎〉, 〈박하사탕〉, 〈화려한 휴가〉, 〈26년〉 그리고 〈택시운전사〉까지 여섯 편이나 된다. 이 영화들은 제작 시기와 관점에 따라 다양한 주제와 내용을 담고 있다. 그러나 공통으로 말하는 것은 광주가 한국 현대사에서 차지하는 의미다. 그것이 상처든 분노든 경악이든 정의

든 1980년 5월 광주를 다룬 영화 모두는 우리 현대사가 광주에 큰 빚을 지고 있다는 사실을 분명히 말한다. 〈택시운전사〉도 그중 하나다. 광주를 다룬 다른 영화에 비해 1300만 명이라는 엄청난 수의 사람이 이 영화를 본 것은, 한국인들이 2017년 개봉 직전에 광주의 의미를 되살려 촛불혁명으로 민주주의의 승리를 이끈 경험이 있기 때문일 터다.

오늘날 우리가 폭압적 권력에 대한 공포도 억압도 없이 구가하는 대한민국 민주주의는 1980년 5월 광주의 피로 물든 역사에 크게 빚지고 있다.

16
—

부림 사건과
인권 변호사 노무현의 탄생
〈변호인〉

2013년 말에 개봉해 1000만 넘게 관객을 모은 영화 〈변호인〉(감독 양우석)은 고 노무현 대통령의 일화를 모티브로 만들어졌다. 영화는 처음에 '본 영화는 특정 인물이나 사건과 관련이 없다'고 고지하지만, 마지막에는 주인공 송우석이 변호사로 참여한 재판의 실제 결과를 알려 줌으로써 영화가 허구만은 아님을 시사한다. 주인공과 노무현 대통령의 이력이 유사하고, 영화의 줄거리를 이루는 사건도 1981년 부산에서 일어난 대규모 용공(密共: 공산주의 주장을 받아들이거나 그 정책에 동조하는 일) 조작 사건인 부림 사건과 닮았다. 세무 변호사였던 노무현이 이 사건을 통해 인권 변호사로 변신하는데, 영화도 이런 사실과 똑같이 전개된다.

노무현의 삶과 영화 속 송 변호사의 삶

영화의 주인공 송우석(송강호 분), 일명 '송변'은 1980년대 초에 돈 없고 배경 없고 학벌마저 고졸이지만 부동산 등기에서부터 세무 관련 일까지 도맡아 부산 바닥을 헤집고 다닐 만큼 사업 수완이 좋은 변호사다. 노무현 전 대통령도 변호사 시절 부산 지역에서 다른 변호사들이 거의 다루지 않는 세무를 맡아 전문 영역으로 개척했다.

지금은 없어진 사법시험은 오랫동안 명문대 법대를 나온 '그들만의 리그'였다. 노무현처럼 간혹 무학자나 고졸자가 기적처럼 합격해 화제가 되기도 했는데, 그런 일이 엄청난 화제가 될 만큼 현실은 냉혹했다. 한때 합격자 수가 1000명대로 늘었고 요즈음은 법학전문대학원이 있어서 변호사가 많아졌지만, 노무현이 합격할 때만 해도 합격자는 두 자릿수에 불과해 합격은 그야말로 하늘의 별 따기나 마찬가지였다. 또 노무현이 합격한 1975년에는 오늘날과 달리 변호사 배출보다는 사법부를 지탱할 검사와 판사를 뽑는 것이 목적이었기 때문에, 합격자도 필요한 만큼 뽑았고 합격하면 거의 현직에 임관할 수 있었다. 이런 시험의 유일한 고졸 출신 합격자가 노무현이었다.

7기 연수생으로 들어간 사법연수원에서 노무현은 처음에 외톨이 신세였다. 서울의 쟁쟁한 대학을 나온 엘리트들은 삼삼오오 어

12월,
당신의 웃음과 눈물을
지켜드립니다!

변호인

12월 18일 대개봉!

송강호/김영애/오달수/곽도원/임시완

[제공/배급] ●●● [제작]위더스필름 [감독]양우석

고 노무현 전 대통령의 일
화를 모티브로 만들어진 영
화 〈변호인〉.

울리는데, 그는 아는 사람이 없어서 혼자 밥을 먹어야 했다. 나중에
는 그의 사정을 안 동료 몇몇이 밥을 같이 먹었고, 연수원 시절 내
내 그는 그들과 가깝게 지냈다. 사법연수원 졸업 후 그는 대전지법
판사로 임용되는데, 곧 그만두고 부산에서 변호사로 개업한다. 지
금과 마찬가지로 학맥과 인맥이 촘촘히 얽힌 당시 법조계에서 가진
게 없는 노무현이 판사로 버티기는 어려웠을 것이다.

　노무현은 고등학교를 다닌 부산에 변호사 사무실을 열었다. 그가 졸업한 부산상업고등학교는 집안이 어려워 대학에 못 가는 수재들이 가던 학교다. 대학생이 많지 않던 1960, 1970년대에는 각 지역의 유수한 상업고등학교 출신도 은행 같은 곳에서 어느 정도 지위를 얻을 수 있었다. 물론 노무현처럼 사법시험 합격은 거의 기적 같은 일이었다. 그는 회계나 경리 등을 공부하는 상업고등학교 출신이라는 장점을 활용했는지, 당시로서는 일반 변호사들이 잘 다루지 않던 세무로 전문 분야를 개척했다.

　틈새시장을 노린 덕에 노무현은 금전적인 면에서 승승장구했다.

영화에 나오듯 아파트를 사고 요트도 사는 등 부산 지역에서 돈깨나 만지는 변호사로 이름을 날렸다. 물론 명문대를 나온 다른 변호사들은 그에게 곁을 주지 않았지만 말이다. 그래도 변호사가 되어 얻은 부와 단란한 가정은 노무현에게 행복 그 자체였을 것이다. 영화는 이 시기 노무현의 모습을 주인공 송변에게 그대로 옮겼다.

송변은 대학을 나오지 않았기에 대학에서 시위하는 학생들을 이해하지 못하고 시대를 바꾸겠다는 학생들의 이상을 헛소리로 치부하는, 대단히 현실적이고 속물적인 변호사다. 다만 고등학교 때까지 일반적으로 배우는 교과서적 양심과 도덕심이 있는 시민이고, 일 잘하는 변호사로서 자신에 만족하고 있다. 이런 그에게 인생을 송두리째 바꿀 사건이 들어온다. 인연이 있는 국밥집 아주머니(김영애 분)의 아들을 변호하면서 부당함을 넘어 잔혹하기까지 한 국가권력의 실체를 보게 된 것이다. 하지만 실제 노무현이 그런 인연으로 부림 사건을 맡지는 않았다.

당시 부산에서는 이흥록, 김광일 변호사가 지속적으로 인권 운동을 하고 있었다. 그런데 부림 사건의 검사가 김광일까지 사건에 연루시키려고 해 더는 변호할 수 없는 처지가 되었다. 그래서 노무현이 이런 상황을 지켜보고만 있을 수 없어서 변호를 맡는다. 그는 처음에는 크게 고민하지 않고 피의자 접견에 나섰는데, 이때부터 인생의 경로를 바꾸게 된다. 그가 만난 피의자는 아직 죄가 확정되지도 않았는데도 고문으로 피떡투성이가 되어 있었다. 인간에게 하

면 안 되는 일을 목격한 노무현은 사실과 법리를 따지기 전에 엄청
난 충격을 받고 분노를 느낀다. 그 뒤 부림 사건 피의자들을 변호하
면서 정치적 각성에 이른다. 이런 노무현의 이력에 극적인 요소를
더해 영화 속 송변이 만들어진 것이다.

1981년 부림 사건의 실체

영화에서 직접 언급되지는 않지만, 국밥집 아들 진우(임시완 분)
가 연루된 사건은 부산 지역 사상 최대의 용공 조작 사건인 부림 사
건이다.

쿠데타로 권력을 잡은 5공화국 군사정권은 집권 초기에 공포정
치로 통치 기반을 확보하려고 전국 각지에서 용공 사건을 조작하며
민주화 세력을 탄압했다. 부산 지역의 민주화 세력 탄압 사건에 '부
림'이라는 이름이 붙은 것은, 이보다 앞서 서울에서 전국민주학생
연맹(전민학련) 학생들을 불법 구금하고 반국가 단체 조직범으로 몰
아 처벌한 사건을 학림 사건*이라고 불렀기 때문이다. 즉 '부산에서
일어난 학림 사건'이라는 뜻에서 부림 사건이 되었다. 부림 사건은
학림 사건처럼 처음부터 사건 자체가 성립되지 않는 사안을 두고
공권력이 망나니처럼 권력의 칼을 휘두른 것이다.

부림 사건은 1981년 9월에 일어났다. 부산 지역 양서협동조합

영화 〈변호인〉에서 송변이 변론하는 모습.

을 통해 사회과학 독서 모임을 하던 학생과 일반인 등이 부산지검

의 공안 책임자 최병국(崔炳國, 1942~)의 지휘하에 영장 없이 체포

● 학림 사건: 이 용공 조작 사건을 학림 사건이라고 부른 것은 전민학련이 대학로에 있
던 학림다방에서 처음 모였기 때문이라고 한다. 학림(學林)이라는 한자어에서 숲처
럼 무성한 학생운동 조직을 일망타진했다는 뜻을 생각해 낸 경찰이 지은 사건명이
라는 것이다. 1979년에 전두환과 노태우(盧泰愚)를 비롯한 신군무가 12·12사태를
일으켜 권력을 장악하자, 민주화를 추구하던 시민과 학생 들을 중심으로 전민학련
이 결성되었다. 이에 5공화국 군사정권이 전민학련을 반국가 단체로 몰고 핵심 관련
자들을 장기간 불법 구금하고 고문했다. 경찰은 전민학련 관련자들에게 공산주의자
라는 허위 자백을 강요하고, 이를 거부해도 법정에 세워 무기징역 같은 형을 내렸다.
학림 사건은 1980년대 용공 조작 사건을 대표하며 모든 관련자가 2010년에 무죄 선
고를 받았다.

되었다. 영화에서 진우가 야학 활동을 하듯이, 이들 중 일부가 봉사 차원에서 야학 활동을 했다고 한다. 이들은 순수하게 민주화에 대한 열정을 품었을 뿐 학림 사건 관련자들처럼 단체를 조직하는 일도 없었다. 그런데 영문도 모르고 잡힌 이들이 짧게는 20일에서 길게는 63일 동안 불법적으로 감금되고 구타와 고문까지 당했다. 이들이 독서 모임이나 다방에서 나눈 이야기들은 모두 국가 전복을 꾀하는 반국가 단체의 '이적 표현물 학습'과 '반국가 단체 찬양 및 고무'로 둔갑했다. 1981년 9월부터 다음 해 4월까지 총 22명이 체포, 구속되었다. 이들 중에는 재판을 받으러 법원에 가서야 처음 대면했을 정도로 전혀 관계없는 사람도 있었다.

부림 사건이 터졌을 때 부산 지역에서 인권 변호사로 활동하던 사람은 김광일*이다. 그는 노무현보다 열두 살 많았는데, 판사를 하다가 옷을 벗고 부산에서 변호사로 일하고 있었다. 판사 시절부터 정부의 눈치를 보지 않는 소신 판결로 명망을 얻던 그는 영화에서 김상필(정원중 분) 변호사로 나온다.

● 김광일: 서울대학교 법학과를 졸업했다. 15회 사법시험에 합격한 뒤 대구지법 판사를 거쳐 인권 변호사로 활동했다. 김영삼(金泳三)의 권유로 정계에 입문해 13대 국회의원을 지냈다. 1990년 3당 합당 때 김영삼을 따르지 않고 현대그룹 창업주 정주영(鄭周永, 1915~2001)이 창당한 국민당에 참여했지만, 문민정부 출범 뒤에는 대통령 김영삼의 요청으로 국민고충처리위원회 초대 위원장과 대통령 비서실장 등을 역임했다. 인권 변호사 활동을 함께 한 노무현을 김영삼에게 추천했다. 이를 계기로 정계에 입문한 노무현은 13대 국회의원이 되었다.

┃ 1990년 3당 합당 당시 김영삼 총재가 "구국의 차원에서 통일민주당을 해체합니다. 이의 없습니까?" 하고
말하는 순간, 갑자기 노무현이 일어나 오른손을 번쩍 들며 외쳤다. "이의 있습니다. 반대 토론을 해야 합니다."
ⓒ 김종구

　　노무현과 김광일은 한동안 정치 역정을 같이하는 동지였지만
1990년 3당 합당*으로 갈라선 뒤 다시는 동지가 되지 못했다.

　　3당 합당을 밀실 야합으로 규정하고 극구 반대한 노무현은 민

●　3당 합당: 1990년 1월 22일에 통일민주당 김영삼 총재, 민주정의당 총재인 대통령
　　노태우, 신민주공화당 총재 김종필(金鍾泌, 1926~2018)이 민수자유낭 창낭을 선언
　　한다. 이 3당 합당을 노무현은 '밀실 야합'으로 규정한 뒤 민주자유당에 합류하지 않
　　고 통일민주당 잔류 세력과 함께 민주당을 창당했다. 김영삼 총재가 3당 합당 당시
　　"구국의 차원에서 통일민주당을 해체합니다. 이의 없습니까? 이의가 없으므로 통과
　　됐음을……." 하고 말하는 순간, 노무현이 일어나 오른손을 번쩍 들며 외쳤다. "이의
　　있습니다. 반대 토론을 해야 합니다." 이때부터 노무현은 자신의 후원자였던 김영삼
　　과 결별했다.

주당 창당에 참여하며 야당에 남았고, 김광일은 김영삼을 바로 따르지는 않았으나 훗날 김영삼이 대통령이 된 뒤 비서실장을 맡으며 정치색을 바꿨다. 그 뒤 두 사람은 각자 정견에 따라 견제하는 사이였고, 대통령 노무현의 탄핵을 김광일이 주도하기도 했다. 김광일은 노무현이 죽은 뒤 딱 1년 만에 병사했다.

부림 사건은 인권 변호사 노무현이 탄생한 계기지만, 재판에서 승리하지는 못했다. 영화에는 송변이 법정에서 극적으로 변론하는 감동의 클라이맥스가 있지만, 실제 부림 사건 관련자들은 억울하게 5~7년형을 언도받았다. 하지만 부림 사건은 민주화 세력을 겁박하기 위해 애초부터 죄가 아닌 일을 부풀린 사건이기 때문에, 1983년 12월에는 이들 전원의 형 집행이 정지된다.

피해자들은 1999년 이후 사법부에 부림 사건에 대한 재심을 청구했지만 기각되었고, 2006년에 '5·18민주화운동 등에 관한 특별법'을 근거로 재항고하여 2009년 대법원에서 계엄법 위반 등의 혐의에 대해서만 무죄를 선고받고 국가보안법과 반공법에 대해서는 재심 사유가 되지 않는다는 판결을 받아 일부 승소했다. 그리고 2014년 2월 13일에는 부산지법에서 모든 혐의에 대해 무죄판결을 받았다.

한편 〈변호인〉이 나온 뒤 영화 속 강 검사(조민기 분)의 실제 인물이며 부림 사건을 조작한 검사 최병국이 다시 주목받았는데, 3선 국회의원이 되기도 한 그가 부림 사건에 대해 여전히 반성하지 않는

다는 뜻을 밝혀 흥미롭다. 또한 검찰 측도 부림 사건의 무죄판결에 대해 국가보안법 위반 혐의 부분을 근거로 대법원에 항소했다.

인권 변호사 노무현의 탄생

영화 〈변호인〉은 개봉 당시에 노무현의 삶을 모티브로 했다는 점에서 논쟁의 한가운데 놓이기도 했다. 일부 인터넷 매체의 회원들은 조직적으로 움직이며 포털 사이트의 영화 평점을 0점으로 만들었고, 다른 일부에서는 이에 대항해 영화 관람을 독려하기도 했다. 영화는 그 자체뿐 아니라 영화를 둘러싸고 일어난 논쟁으로 2013년 한국 대중의 정치의식과 사회 갈등의 정황을 확연히 드러내 주었다. 이런 가운데 영화는 1000만 넘는 관객이 들었고, 송변이 일갈하는 "국가는 국민입니다."가 유행어로 자리 잡으면서 21세기 한국의 대다수 대중이 영화에 그리고 나아가 현 정치에 원하는 바가 무엇인지 확실히 보여 주기도 했다.

영화의 마지막에 송변은 시위대의 맨 앞에 서서 사람들을 이끄는 민주 투사로 변신해 있다. 노무현의 삶도 마찬가지였다. 부림 사건 이후 그는 세무 변호사는 그만두고 사무실을 노동법률상담소로 운영했다. 이 무렵 그는 평생의 지기가 된 문재인을 만나 함께 변호사 사무실을 꾸려나갔다. 1982년에는 부산 미국문화원 방화 사건의 변론에 참여하고, 1985년부터는 시민운동에 발을 들여놓았다. 1987년에는 6월 항쟁에 앞장섰고, 그해 8월 22일 거제도 대우조선에서 경찰이 쏜 최루탄에 맞아 노동자 이석규가 사망하자 사인 규명 작업을 하다 9월에 '제3자 개입'과 '장례식 방해' 혐의로 구속되었다. 같은 해 11월에는 변호사 업무 정지 처분까지 받았다. 그리고 1988년, 13대 국회의원이 되면서 정치에 입문했다. 그 뒤 정치인으로서 그의 행보까지는 여기에 적지 않겠다.

영화 〈변호인〉은 노무현이라는 실존 인물을 모티브로 했기 때문만이 아니라, 무지막지했던 30년 전 공권력의 횡포가 오늘날까지 알게 모르게 이어지고 있음을 다시금 깨닫게 하고 공권력이 저지른 불법적 사건을 역사 속에 묻어 두지 않고 현재화했다는 점에서 매우 문제적인 영화였음이 분명하다.

17

한국 프로야구, 그 질곡의 역사

〈슈퍼스타 감사용〉

1982년 3월 27일 서울이 연고지인 MBC 청룡과 대구 경북 지역에 연고를 둔 삼성 라이온즈의 경기를 시작으로 출발한 한국 프로야구의 역사는 30년이 넘었다. 그동안 숱한 스타 선수와 구단이 등장했다 사라졌고, 경기 운영 규칙도 많이 바뀌었다.

영화 〈슈퍼스타 감사용〉(2004년 개봉, 감독 김종현)은 1982년 프로야구 출범 때 있던 여섯 구단 중 하나로 인천과 경기, 강원도가 연고지였던 삼미 슈퍼스타즈의 투수 감사용(甘四用, 1957~)이 겪은 프로야구 원년의 이야기와 함께 당시 사회의 아이러니한 모습들을 간접적으로 보여 주고 있다.

3S 정책으로 시작된 한국 프로야구

현재 우리나라 프로야구에는 열 팀이 있지만 1982년에는 서울의 MBC 청룡, 충청도의 OB 베어스, 전라도의 해태 타이거즈, 인천광역시·경기도·강원도의 삼미 슈퍼스타즈, 대구·경상북도의 삼성 라이온즈, 부산·경상남도의 롯데 자이언츠 등 여섯 팀이었다. 출범 때부터 현재까지 구단주와 이름과 연고지를 유지하는 팀이 라이온즈와 자이언츠뿐인 걸 보면, 프로야구의 역사와 함께한 기업의 역사 또한 매우 파란만장했음을 짐작할 수 있다.

우리나라 프로야구는 상당히 급히 만들어진 편이었다. 1975년 11월에 재미 교포 홍윤희(洪胤熹)가 노력하다 불발에 그친 프로야구 출범이 1981년에 5공화국이 들어서면서 실현되었다. 당시 정부는 군사독재 정권에 대한 반감을 누그러뜨리고 국민의 관심을 정치에서 멀어지게 하기 위해 3S 정책이라는 것을 시작했다. 3S란 스포츠(sports), 스크린(screen), 섹스(sex)의 첫 자를 가리킨다. 즉 3S 정책은 대중의 관심을 이 세 가지로 유도해 우민화하고, 대중이 스스로 정치에서 소외되고 정치에 무관심해지면서 권력자가 마음대로 대중을 조작할 수 있게 하는 것이다.

쿠데타로 권력을 잡은 전두환 징권이 펼친 3S 정책은 우선 스포츠 방면에서 올림픽과 아시안게임을 유치하고, 프로야구와 프로축구 등 각종 프로 리그를 출범시키는 것이었다. 스크린 부문에서는

1982년 3월, 사상 첫 프로야구 개막 경기에서 시구하는 전두환. 그의 뒤로 3S 정책을 이끌던 당시 MBC 사장 이진희(뒷줄 가운데)도 보인다. © 뉴스뱅크

컬러TV* 방송을 전국적으로 시작하고 VTR을 보급했다. 그리고 섹스와 관련해서는 성애 영화가 많이 제작되었다. 이 시기에 공전의 히트를 치고 에로 영화의 대명사가 된 〈애마부인〉(1982년 개봉, 감독 정

● 컬러TV 방송: 한국은 1977년부터 이미 컬러TV를 제조했지만, 전량 해외로 수출했다. 컬러TV 방송도 1974년부터 체제를 갖추고 있었지만, 경직된 사회 문화 속에서 흑백TV 방송을 계속했다. 컬러TV 방송은 3S 정책의 일환으로 1980년 12월 1일 KBS 1TV에서 시험 방송을 시작하고 이듬해 1월 1일부터는 완전한 컬러TV 방송을 했다.

▌〈애마부인〉 포스터. 1980년대 전두환 정권의 3S 정책으로
영화계에서 성애물이 많이 제작되었다.

인엽)을 필두로 수많은 성애 영화가 제작, 개봉되었다. 영화에도 감
사용과 같은 직장을 다니던 여성이 배우에 도전한 끝에 에로 영화
배우가 되는 장면이 있다. 1980년대 한국 영화는 다 성애물이라는
선입견이 생길 정도로 이 장르만 집중적으로 제작되어, 한때 한국
영화에 대한 인식과 질적인 면의 저하를 가져오기도 했다. 또 야간
통행금지가 해제되면서 성매매 업소가 늘어나고, VTR 보급과 함께
포르노가 대중적으로 퍼지기도 했다.

　아이러니하게도 지금은 국민들의 사랑을 듬뿍 받는 프로야구가
바로 이런 배경 속에서 출범했다. 프로야구 출범에 대한 논의는 5공
화국이 들어서고 얼마 되지 않은 1981년 5월에 본격적으로 시작되
었고, 그 뒤 일사천리로 진행되어 같은 해 12월에 창립총회가 열렸

다. 그리고 별 준비도 없이 이듬해인 1982년 3월에는 첫 경기가 열렸다. 이 경기에서 시구를 한 사람이 바로 당시 대통령 전두환이다.

구단 수가 적어서 리그는 전기와 후기로 나누었으며, 전기의 1위와 후기의 1위가 한국시리즈에서 경기를 해, 그 해 우승자를 가리는 방식의 규칙이 정해졌다.

직장 야구단의 기둥 투수였던 감사용

영화의 주인공 감사용(이범수 분)이 속한 삼미 슈퍼스타즈는 1982년 2월 5일, 선수 23명으로 창단했다. 초대 감독은 박현식(朴賢植, 1929~2005, 장항선 분)이다. 그는 1950, 1960년대 최고의 홈런 타자로 '아시아의 철인'이라는 별명이 붙은 야구 베테랑이었다. 그러나 그가 슈퍼스타즈의 성적 부진으로 열세 경기 만에 감독직에서 물러나, 프로야구 사상 최단명 감독이라는 기록을 남겼다.

감사용은 삼미 슈퍼스타즈의 창단 멤버는 아니고, 창단 5일 뒤인 2월 10일에 팀에 들어갔다. 구단주인 삼미특수강의 직원으로 아마추어 직장 야구팀의 선수였다가 삼미 슈퍼스타즈에 전격적으로 입단한 것이다. 당시 삼미 슈퍼스타즈는 다른 구단에 비해 구단주의 뒷받침이 적어, 우수한 선수를 들이기가 쉽지 않은 형편이었다. 창립 선수 23명 중 국가 대표가 단 한 명도 없었으니, 여섯 구단 중

〈슈퍼스타 감사용〉에서 감사용(이범수 분). 삼미특수강의 직원으로 아마추어 직장 야구팀의 기둥 투수였던 감사용이 1982년 2월 10일에 전격적으로 삼미 슈퍼스타즈에 입단한다.

가장 약체로 시작한 팀이었던 셈이다. 그러나 아무리 직장 야구단의 기둥 투수였다고 해도 어렸을 때부터 야구만 한 선수들과는 출발부터가 다른 감사용의 프로 무대 등장은 상당히 이례적인 일이었다. 당연한 결과겠지만, 감사용의 프로야구 전적은 그다지 좋지 못했다. 그는 통산 예순한 경기에 나가 1승 15패 1세이브, 평균 자책점 6.09를 기록했다. 그리고 1983년부터는 주로 패전 처리 투수로 활동했다.

영화에서는 감사용이 처음부터 패전 처리 전문 투수로 나오지만 실제 감사용은 프로야구 원년의 꽤 많은 경기에 선발로 나왔다. 그의 프로 생활 중 유일한 승리는 1983년 부산 구덕경기장에서 롯데 자이언츠와 치른 경기다. 일반인에 가까운 선수였지만, 감사용의

┃ 영화는 박철순의 연승 기록 중 20승을 눈앞에 둔 경기에서 감사용과 박철순이 맞닥뜨린 상황을 이야기의
중심으로 삼았다.

프로 생활은 꽤 오래간 편이다. 팀이 매각되어 이름이 청보 핀토스
로 바뀐 뒤에도 계속 선수로 남았고, 1987년 OB 베어스에서 은퇴
할 때는 다섯 시즌을 거친 어엿한 프로 선수였다.

실제 감사용은 영화가 나온 뒤 다시 조명받기 시작해 2005년에
국제디지털대학교 야구부의 감독을 맡기도 했는데 2007년에 팀이
해체돼 감독직에서 물러났고, 최근 진해 리틀야구단 감독으로 있
다.

슈퍼스타즈라는 이름은 삼미 것이지만 프로야구 원년의 진정한
슈퍼스타는 OB 베어스에서 나왔다. 바로 박철순(朴哲淳. 1954~)이
다. 영화에서도 감사용이 부러워하고 이기고 싶어 하는 투수로 나
오는 박철순(공유 분)은 실제로 뛰어난 실력과 외모로 폭발적인 인기

▌ 1982년 OB와 삼미 경기에서 투수 박철순. 박철순은 프로야구 원년에 22연승이라는 기록을 세우며 OB 베어스의 우승을 이끌고 시즌 MVP가 된다. © 연합포토

를 한 몸에 받으면서 프로야구가 정착하는 데 크게 기여했다. 비록 마이너리그였지만 당시로서는 흔치 않게 미국 프로야구 선수로 활동한 이력이 있는 그는, 프로야구 원년에 22연승이라는 기록을 세우며 OB 베어스의 우승을 이끌고 시즌 MVP가 되었다.

영화는 박철순의 연승 기록 중 20승을 눈앞에 둔 경기에서 감사용과 박철순이 맞닥뜨린 상황을 이야기의 중심으로 삼았다. 안타깝게도 주인공 감사용이 박철순의 연승 행진을 막진 못하고, 박철순이 인정할 만한 투수전을 펼치면서 어엿한 프로 선수로 성장한다.

삼미 슈퍼스타즈의 행방

감사용이 속한 삼미 슈퍼스타즈의 성적은 어땠을까? 삼미 슈퍼스타즈는 프로야구 원년에 15승 65패, 승률 0.188로 한국 프로야구 사상 최악의 성적으로 최하위를 기록했다. 하지만 이듬해인 1983년에 맞아들인 재일 교포 투수 장명부(張明夫, 1950~2005)가 단일 시즌 30승을 올리는 활약을 해 전기, 후기 리그 모두 2위에까지 오르는 기염을 토했다. 그러나 1984년부터는 장명부의 부진으로 다시 꼴찌를 기록했으며 1985년에도 고전을 면치 못했다.

구단주인 삼미그룹까지 경영난에 빠져 1985년 전기 리그가 끝날 때 삼미 슈퍼스타즈는 청보그룹에 70억 원에 매각되고 출범 3년 만에 역사 속으로 사라졌다.

청보식품이 구단주가 된 1985년 후기 리그부터 슈퍼스타즈는 핀토스(조랑말)로 이름이 바뀐다. 청보식품의 자회사가 만들던 청바지 상표에서 따온 이름이었다. 청보식품은 풍한방직의 자회사로 1984년에 설립되어 한때 재계에 돌풍을 일으키며 승승장구하고 기업 탄생 1년 만에 프로야구단을 매입하는 등 상당히 공격적인 홍보와 경영에 나섰다. 청보식품의 주 생산품은 라면이었는데, 역사가 길지 않은 이 라면이 독점적 군납권을 따면서 급성장했다. 그래서 그 배경에 당시 대통령(전두환) 부부의 뒷돈이 관련되어 있을 거라는, 확인할 길 없는 소문까지 돌았다. 이렇게 어두운 소문에 더

█ 삼미 슈퍼스타즈는 프로야구 원년에 15승 65패, 승률 0.188
로 한국 프로야구 사상 최악의 성적으로 최하위를 기록했다.
하지만 1983년, 재일 교포 투수 장명부의 활약으로 전기 리그
와 후기 리그 모두 2위에까지 오르는 기염을 토했다.

해 라면의 질과 맛이 떨어져 소비자들에게 외면 받았다. 결국 기업
은 위기에 처했고, 이런 사정이 야구단의 사기에도 그대로 반영되
어 청보 핀토스는 삼미 슈퍼스타즈 시절과 별반 다를 바 없는 성적
으로 하위권에 머물렀다.

　돌풍처럼 나타난 청보식품은 기업 탄생 3년 만인 1987년, 그 시
작처럼 갑작스럽게 도산을 맞아 사라진다. 그 바람에 청보 핀토스
는 1988년에 다시 태평양그룹에 매각되어 돌핀스로 이름을 바꾼다.
태평양 돌핀스는 1995년에는 현대 유니콘스가 되었는데, 연고지도
2000년부터 인천에서 수원으로 바꾸었다. 현대 유니콘스는 초기에
는 돌풍을 일으키며 승승장구하기도 했으나, 이후 만족할 만한 성
적을 거두지 못하고 2008년에 해체되었다. 현대 유니콘스의 선수들

은 대부분 넥센 히어로즈가 승계해 서울을 연고지로 활동하게 되었고, 인천은 2000년부터 SK 와이번스의 연고지가 되었다.

18

두 젊은이의 안타까운 죽음과
민주주의의 승리

〈1987〉

흔히 선거가 민주주의의 꽃이라고 한다. 종이 한 장에 개인의 정치적 소견을 나타내 거대한 정치의 흐름을 만들어 내는 선거. 21세기 대한민국에서 선거는 19세 이상 국민 누구에게나 주어진 권리이자 의무지만, 이를 너무 당연하게 받아들이고 가볍게 여기기도 한다.

30여 년 전 대한민국은 '민국(民國)'이라는 말이 무색하게 국민의 선거권이 당연하지 않았다. 국민의 뜻이 아니라 총칼로 일어선 군부 독재자들이 자신의 권력을 유지하기 위해 선거권을 제한했기 때문이다. 독재자는 선거로 표출되는 국민의 견제를 폭력과 공포로 겁박한 채 국민의 의사와 관계없이 자기 마음대로 권력을 누리며 뼛속까지 부패했다.

오랫동안 독재에 시달리던 1987년 6월, 사람들은 더 이상 참을 수 없어 분연히 일어났다. 독재의 질곡에서 벗어나 명실상부한 유권자가 되기 위해 거리로 나온 사람들의 거센 열망은 결국 제한받던 선거권을 쟁취하는 승리로 끝났다. 그 뜨겁던 1987년의 이야기를 영화화한 것이 〈1987〉(2017년 개봉, 감독 장준환)이다.

1987년 1월, 박종철 고문치사 사건

영화 〈1987〉은 1987년 1월 치안본부 대공수사단에서 고문을 받다 죽은 대학생 박종철(朴鍾哲, 1964~1987, 여진구 분) 고문치사 사건에서 시작한다. 수배 중이던 대학 선배 박종운(朴鍾雲)의 행방을 쫓던 수사관에게 연행된 박종철은 남영동 대공분실에서 잔혹한 폭행과 전기고문, 물고문을 당하다 사망했다. 1980년 광주민주화운동을 군홧발로 짓밟고 권력을 손에 넣은 전두환 정권은 7년여간 수많은 민주 투사들을 불법 연행하고 고문했다. 이 시기의 죽음 가운데 사인이 밝혀지지 않은 의문사가 수두룩했다. 수사 당국은 박종철의 죽음도 그렇게 묻으려 했다.

당시 정권의 광기 어린 억압과 횡포는 임계점을 넘고 있었다. 박종철 고문치사 사건은 독재 정권이 휘두르는 폭력에 대한 본능적 거부 반응과 양심 덕분에 세상에 드러났다고 해도 과언이 아니다. 처음 사체를 본 의사, 사체 보존 명령을 내린 검사, 부검에 참여한

| 영화 〈1987〉에서 박종철의 영정을 안고 오열하는 부친 박정기(김종수 분).

검사, 국과수 부검의, 사건을 보도한 기자 들이 질식할 것 같은 사
회 분위기에 숨통을 틔우듯 차례로 저마다 양심에 따라 행동했다.
〈1987〉은 등장인물들에게 영화적 개성을 덧입히기는 했지만, 실제
사건과 인물을 거의 그대로 보여 준다.

　　박종철 고문치사 사건은 그 진상이 사회에 드러나는 중에도 수
사 당국이 끝없이 은폐하고 조작했다. 박종철의 죽음을 더는 쉬쉬
할 수 없었던 치안본부장 강민창(姜玟昌, 우현 분)은 '책상을 탁 치니
갑자기 억 소리를 지르면서 쓰러졌다'고 발표하며 고문 사실을 숨
기려 했다. 손바닥으로 하늘을 가리려는 '탁 치니 억 하고'라는 말은
너무 어이가 없어서 오랫동안 조롱거리가 되기도 했다.

잇따른 양심선언으로 박종철이 전기고문과 물고문으로 사망한 사실을 숨기기 어렵게 된 경찰은 고문 주체가 조한경(趙漢慶, 박희순 분)을 비롯한 수사관 두 명이라고 서둘러 발표해 사건을 축소하려고 했다. 또 시신을 급히 화장하며 증거를 인멸했다. 실제로 박종철을 고문한 수사관은 두 명이 아니라 다섯 명이다. 당시 치안본부 5차장 박처원(朴處源, 김윤석 분)에게 거액을 받고 두 명이 모든 죄를 뒤집어 쓴 것이다. 이런 진실은 두 사람과 같이 영등포교도소에 수감되어 있던 민주화 운동가 이부영(李富榮, 김의성 분)을 통해 밝혀진다. 그는 영화에서 한병용(유해진 분)으로 그려진 교도관 한재동, 전병용을 비롯해 도피 중이던 민주화 운동가 김정남(金正男, 설경구 분)을 통해 사건의 내막을 천주교정의구현전국사제단의 김승훈(金勝勳) 신부에게 전하면서 세상에 알렸다.

박종철 고문치사 사건의 축소 조작에 대한 세상의 분노는 컸다. 그리고 이 분노가 당시 국민적 열망이던 개헌 문제와 연결되면서 1987년 6월 항쟁으로 분출된다.

호헌 철폐! 독재 타도!

애초 전두환은 악법 중 악법이던 유신헌법이 정한 바에 따라 대통령이 되었다. 일명 체육관 선거라고 조롱받는 통일주체국민회의

| 고 박종철 국민 추도회가 열린 명동성당. 제공: 국가기록원

투표를 통해 대통령으로 뽑힌 것이다. 통일주체국민회의란 1972년에 시행된 유신헌법에 따라 만들어진 헌법기관으로 국민의 직접선거를 통해 선출된 2000명 이상 5000명 이하로 구성된 대의원들이다. 명목상 통일 관련 업무를 추진한다고 했지만, 실상은 국회의원 3분의 1과 대통령을 선출하는 기관이었다. 한마디로 박정희 독재를 뒷받침하기 위해 만든 것이다. 친여당 인물이 대의원으로 뽑히도록 미리 손을 썼고, 대통령 후보는 박정희 단 한 명이었다. 대의원들은 장충체육관에 모여 찬반 투표로 대통령을 뽑았다. 박정희는 유신헌법 제정 이후 8대 대통령 선거에서 전체 대의원 2359명이 참석한 가운데 2357표(무효 2표)를 얻고 당선해 손쉽게 독재를 이어 갔다.

공포 분위기 속에서 그를 반대할 대의원은 없었다.

박정희가 사살당한 뒤 쿠데타로 정권을 잡은 전두환이 이런 손쉬운 방법을 바꿀 리 없었다. 그 또한 통일주체국민회의의 체육관 선거를 통해 11대 대통령이 되었다. 그러고는 유신헌법이 악법이라며 개헌하는데, 이때 독재를 막는다는 명목으로 대통령 7년 단임제를 정하고 통일주체국민회의 대신 대통령선거인단을 만들었다. 그러나 두 단체는 이름 말고는 다를 것이 없었다. 전두환은 대통령선거인단의 체육관 선거로 1년 만에 다시 12대 대통령이 되었다. 그가 7년 임기를 마치면 그의 군부 후계자가 또다시 같은 방법으로 대통령이 될 판이었다.

1987년, 전두환의 7년 독재를 겪어 내며 신군부 세력에게 더는 정권을 맡길 수 없다고 판단한 국민과 야당은 제대로 된 선거권을 갖기 위한 개헌을 요구했다. 그러나 쿠데타로 정권을 잡은 세력이 쉬운 집권 연장 방법을 포기할 리 없었다. 전두환이 4월 13일에 기존 헌법을 유지한다고 선언했다. 이른바 호헌 선언이다. 그러자 국민들은 기존 헌법을 폐지하고 선거권을 돌려 달라는 구호를 외치기 시작했다. "호헌 철폐! 독재 타도!"

영화에서 전 시대의 폭력 정권에 아버지를 잃고 자기도 모르게 공포에 짓눌려 있던 연희(김태리 분)는 '호헌 철폐, 독재 타도'를 외치는 시위대 무리에 얼결에 섞이면서 이한열(李韓烈, 1966~1987, 강동원 분)을 만난다.

또 다른 청년, 이한열의 안타까운 죽음

영화에서 연희는 이한열이 속한 만화 동아리에 장밋빛 로맨스를 꿈꾸며 갔다가 1980년 광주를 기록한 영상을 보고 충격받는다. 실제 이 영상은 영화 〈택시운전사〉의 주인공인 힌츠페터가 찍은 〈기로에 선 한국〉이다. 당시 대학가를 중심으로 암암리에 상영된 이 다큐멘터리를 통해 많은 학생이 1980년 5월 광주의 진실을 접하고 분노했다. 그러나 연희는 폭력 정권에 대한 본능적인 두려움을 벗어 던지지 못하고 시위대의 구호를 멀게 느낀다.

영화의 주요 등장인물 가운데 유일한 가상의 인물인 연희는, 정치 문제와 거리를 두려고 하던 당시 일반 대중의 모습을 보여 준다. 그러나 그녀는 독재 정권이 쏜 최루탄 가스를 피할 수 없던 것처럼 민주화를 향한 국민적 열망을 외면할 수 없었다. 영화 말미에 연희는 시위 현장에서 최루탄을 맞고 쓰러지는 이한열의 죽음을 목도하고서야 자신이 어디에 서야 하는지, 어떻게 행동해야 하는지를 깨닫는다. 이는 당시 평범한 사람들의 모습이었다.

한편 이한열은 영화에서처럼 만화사랑이라는 동아리에서 활동하는 평범한 대학생이었다. 그는 연희보다 조금 앞서 독재 정권의 실체를 파악하고 민주화를 위해 행동했다. 자신보다 두 살 많은, 사회에서 만났다면 어깨를 겯는 동료였을지 모를 박종철의 죽음을 애도했다. 그리고 그를 고문 살해한 데 이어 사건을 은폐 조작까지 하는 정권의 후안무치에 분노했다.

1987년 6월 9일, 다음 날 열릴 '6·10 고문 살인 은폐 규탄 및 호헌 철폐 국민대회'를 앞두고 신촌 연세대 앞에서 열린 시위 도중 이한열은, 전투경찰이 '조준 사격'한 최루탄에 뒷머리를 맞고 쓰러진다. 그리고 한 달 동안 사경을 헤매다가 7월 5일, 만 스무 살로 사망했다. 그의 죽음은 박종철에 이어 전두환 독재 정권의 폭압성과 잔혹성을 그대로 드러냈다. 사람들은 또 다른 청년의 안타까운 죽음을 외면하지 않고 도도한 역사의 물결에 동참한다.

이한열이 쓰러진 다음 날 열린 시위에는 그 전까지 마음으로만

▎영화에서 연희(김태리 분)는 정치 문제와 거리를 두려고 한 당시 일반 대중의 모습을 보여 준다. 그러나 영화 말미에 시위 현장에서 최루탄을 맞고 쓰러진 이한열의 죽음을 목도하고서 자신이 어디에 서야 하는지, 어떻게 행동해야 하는지를 깨닫는다.

시위대를 지지하던 사무직 회사원들, 일명 넥타이 부대가 거리로 쏟아져 나오기 시작했다. 학생과 재야인사들이 힘겹게 이끌어 가던 민주화 운동이 국민적 규모로 확장된 순간이다. 시위는 6월 10일 이후 20여 일 동안 매일 계속되었고 급속도로 전국에 확산되었다. 독재 정권의 압제에 대한 두려움으로 민주화 운동을 애써 외면하던 국민들이 민주주의를 향한 열망을 터트렸다.

결국 6월 29일에 전두환 정부가 국민에게 굴복했다. 대통령 직접선거와 국민의 기본권 보장, 구금된 민주 인사들의 석방을 내용으로 하는 6·29 선언을 발표한 것이다.

▌1987년 7월 9일 서울 시청앞 광장에서 열린 이한열 열사 장례식. © 연합포토

2018년 현재 대한민국 헌법이 바로 1987년 6월 항쟁의 승리로 개정된 것이다. 이 헌법의 골간은 대통령 직선제와 5년 단임제다. 민주주의를 열망한 국민들이 쟁취해 낸 장하고 자랑스러운 민주 헌법이다. 그러나 지난 31년간 한국 사회는 변했다. 독재를 막기 위한 대통령 단임제가 원활한 국정 수행을 어렵게 하는 측면도 있다. 남북 간 화해 분위기 속에서 남북 관계를 새롭게 설정할 필요도 있다. 이런 가운데 최근 개헌 논의가 대두되었다. 이해득실에 따라 각 당

이 주장하는 개헌 내용과 시기 등에 대해서는 잡음이 있지만, 1987
년 민주주의의 승리가 가져온 헌법이 이제 제구실을 다했다는 데는
많은 국민이 공감하고 있다. 독재 정권 타도와 독재 재발 방지를 위
한 헌법이 아니라 국민주권 시대에 알맞은 새 헌법을 기대해 본다.

참고문헌

1. 단행본

3.1 여성동지회, 『한국여성독립운동가』, 국학자료원, 2018

4.19혁명기념사업회, 『4.19혁명사』, 4.19혁명기념사업회, 2003

가네코 후미코, 『독립운동가 박열을 사랑한 가네코 후미코의 불꽃수기』, 이정숙·변옥두 역, 문화숲속예술샘, 2017

국가보훈처, 『대한민국독립유공인물록』, 1997

국립고궁박물관 편, 『(100년 전의 기억,) 대한제국』, 그라픽네트, 2010

국사편찬위원회, 『한국독립운동사』, 1965

권보드래, 『연애의 시대: 1920년대 초반의 문화와 유행』, 현실문화연구, 2003

김경천, 『경천아일록: 연해주 지역 항일독립운동가 김경천 장군의 일기』(숭실대학교 한국문예연구소 학술자료총서 1), 김병학 역, 학고방, 2012

김삼웅, 『노무현 평전』, 책보세, 2012

_____, 『약산 김원봉 평전』, 시대의창, 2013

김은식, 『한국 프로야구 결정적 30장면』, 한스미디어, 2011

김인덕, 『박열: 극일에서 분단을 넘은 박애주의자』(독립기념관: 한국의 독립운동가들 49), 역사공간, 2013

김진송, 『서울에 딴스홀을 허하라』, 현실문화연구, 1999

김태수, 『꼿가치 피어 매혹케 하라』, 황소자리, 2005

김호경·권기석·우성규, 『일제 강제동원, 그 알려지지 않은 역사: 일본 전범기업과 강제동원의 현장을 찾아서』, 돌베개, 2010

노무현, 『운명이다: 노무현 자서전』, 노무현재단 엮음, 유시민 정리, 돌베개, 2010

노민영, 『잠들지 않는 남도: 제주도 4.3항쟁의 기록』, 온누리, 2018

노형석, 『한국 근대사의 풍경』, 생각의나무, 2006

마광수, 『윤동주연구』, 정음사, 1986

민주화운동기념사업회 연구소, 『한국민주운동사 3: 서울의 봄부터 문민정부 수립까지』, 돌베개, 2010

_____, 『한국의 민주화와 민주화운동 성공과 좌절』, 한울아카데미, 2016

박도 편, 『일제 강점기: 식민 통치기의 한민족 수난과 저항의 기억』, 눈빛, 2010

박원순, 『야만시대의 기록』(전3권), 역사비평사, 2006

박윤석, 『경성 모던타임스: 1920, 조선의 거리를 걷다』, 문학동네, 2014

박태균, 『베트남 전쟁: 잊혀진 전쟁, 반쪽의 기억』, 한겨레출판, 2015

_____, 『한국전쟁』, 책과함께, 2005

박태원, 『약산과 의열단: 김원봉의 항일 투쟁 암살 보고서』, 깊은샘, 2015

박형우, 『제중원: 조선 최초의 근대식 병원』, 21세기북스, 2010

서영희, 『일제 침략과 대한제국의 종말: 러일전쟁에서 한일병합까지』, 역사문제연구소 기획, 역사비평사, 2012

서울대학교병원 병원역사문화센터, 『한국 근현대 의료문화사 1879~1960: 사진과 함께 보는』, 웅진지식하우스, 2009

_____ 편, 『미시사 100년 전 동아시아 의사들을 만나다』, 태학사, 2009

서울역사편찬원, 『근대문화유산과 서울사람들』(서울역사강좌 4), 서울역사편찬원, 2017

서중석, 『6월 항쟁: 1987년 민중운동의 장엄한 파노라마』, 돌베개, 2011

_____, 『사진과 그림으로 보는 한국현대사』(개정증보판), 웅진지식하우스, 2013

_____, 『신흥무관학교와 망명자들』, 역사비평사, 2001

_____ 외, 『6월 민주항쟁: 전개와 의의』, 민주화운동기념사업회 한국민주주의연구소 편, 한울아카데미, 2017

송우혜, 『윤동주 평전』, 서정시학, 2014

신명직, 『모던뽀이, 경성을 거닐다: 만문만화로 보는 근대의 얼굴』, 현실문화연구, 2003

신현규, 『꽃을 잡고』, 케이디북스, 2005

야마다 쇼지, 『가네코 후미코: 식민지 조선을 사랑한 일본제국의 아나키스트』, 정선태 역, 산처럼, 2017

역사문제연구소, 『인물로 보는 친일파 역사』(역비의 책 15), 역사비평사, 1993

역사문제연구소·서영희, 『일제 침략과 대한제국의 종말: 러일전쟁에서 한일병합까지』, 역사비평사, 2012

염복규, 『서울은 어떻게 계획되었는가』, 살림, 2005

_____, 『서울의 기원 경성의 탄생』, 이데아, 2016

윤동주, 『하늘과 바람과 별과 시』, 정음사, 1985

이내수, 『이야기 방송사』, 씨앗을뿌리는사람, 2001

이재영 편, 『(서울 정도 600년) 사진으로 본 서울의 어제와 오늘』, 서지원, 1993

이지민, 『모던보이: 망하거나 죽지 않고 살 수 있겠니』, 문학동네, 2008

이창언, 『박정희 시대 학생운동』, 한신대학교출판부, 2014

이타가키 류타·나카노 도시오·김부자·김창록·오카모토 유카, 『위안부 문제와 미래에 대한 책임: 한일 합의에 대항하여』(일본군 위안부 연구회 총서 2), 민속원, 2018

이태호, 『정전협정60주년 특별기획 판문점과 비무장지대 공동경비구역 JSA와 DMZ』,

눈빛, 2013

임종국, 『실록 친일파』(돌베개인문, 사회과학신서 62), 돌베개, 1991

장규식, 『서울, 공간으로 본 역사』, 혜안, 2004

장유정, 『다방과 카페, 모던 보이의 아지트』(살림지식총서 342), 살림, 2008

정병준, 『우남 이승만 연구』(역비한국학연구총서 26), 역사비평사, 2005

정해구, 『전두환과 80년대 민주화운동: '서울의 봄'에서 군사정권의 종말까지』, 역사비 평사, 2011

조녀선 닐, 『미국의 베트남 전쟁: 미국은 어떻게 베트남에서 패배했는가』, 정병선 역, 책 갈피, 2004

하야시 후미키, 『서커스가 왔다!: 한국 서커스의 삶과 이동 이야기』, 장미선 역, 제이앤 씨, 2013

한국기자협회, 『5.18 특파원리포트』, 풀빛, 1997

_____ 편, 『韓國放送 70年史』, 한국방송협회, 1997

한국역사연구회 현대사분과, 『역사학의 시선으로 읽는 한국전쟁: 사실로부터 총체적 인 식으로』, 휴머니스트, 2010

황민호, 『일제하 만주지역 한인사회의 동향과 민족운동』, 신서원, 2005

황병주 편, 『1면으로 보는 한국 근현대사 3: 1961~1979들』, 서해문집, 2011

황석영·이재의·전용호, 『죽음을 넘어 시대의 어둠을 넘어: 광주 5월 민중항쟁의 기 록』, (사)광주민주화운동기념사업회 편, 창비, 2017

2. 인터넷 자료

5·18기념재단

국가기록원

두산백과

문화콘텐츠닷컴

민족문화대백과사전

민주화운동기념사업회

위키피디아

제주4·3평화재단

한국사 영화관, 근현대 편

18편의 영화로 읽는 20세기 한국사

초판 1쇄 발행 2019년 1월 22일

초판 3쇄 발행 2021년 8월 30일

지은이 | 김정미

교정 | 김정민

디자인 | 여상우

펴낸이 | 박숙희

펴낸곳 | 메멘토

신고 | 2012년 2월 8일 제25100-2012-32호

주소 | 서울시 은평구 연서로26길 9-3(대조동), 301호

전화 | 070-8256-1543 팩스 | 0505-330-1543

이메일 | mementopub@gmail.com

ⓒ 김정미

ISBN 978-89-98614-61-4 (04910)

978-89-98614-59-1 (세트)

이 도서의 국립중앙도서관 출판시도서목록(CIP)은 서지정보유통지원시스템 홈페이지 (http://seoji.nl.go.kr)와 국가자료종합목록시스템(http://www.nl.go.kr/kolisnet)에서 이용하실 수 있습니다. (CIP제어번호: CIP2019001200)

잘못된 책은 구입하신 서점에서 바꿔 드립니다. 책값은 뒤표지에 있습니다.